日本ヒスイの本

最高のパワーストーン

北出幸男
KITADE Yukio

青弓社

勾玉は列島の民の
心意気をつちかってきた

［45ページ参照］

現代的な形状の勾玉はおよそ2,000年前の弥生時代に登場する。以来この形は日本人の精神文化のシンボルとなってきた

当初勾玉は日本産ヒスイ原石からのみ作られた。メノウやジャスパーで作られるようになったのは後の時代の話だ

勾玉の材料であるヒスイは白が基本色。異種鉱物が混入することで緑・青・黒・藤色などに発色する。緑には淡いものから濃いものまで多様な色調がある

勾玉は魚に見立てて、上部を頭、孔を眼、下部を尾という。中央の前面が腹で後ろが背になる

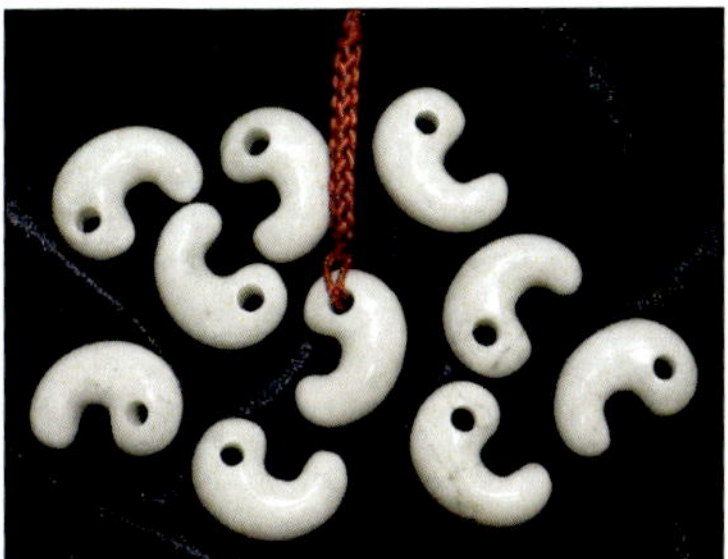

勾玉は20ミリ以下の小さなものから40ミリを超える大きなものまでいろいろなサイズのものが作られてきた

日本ヒスイ勾玉は最高のお守りだった

[45ページ参照]

ヒスイ輝石と蛇紋岩のたぐいが練りあわさったかに見える全長10センチの大勾玉、とても力強い感触がある

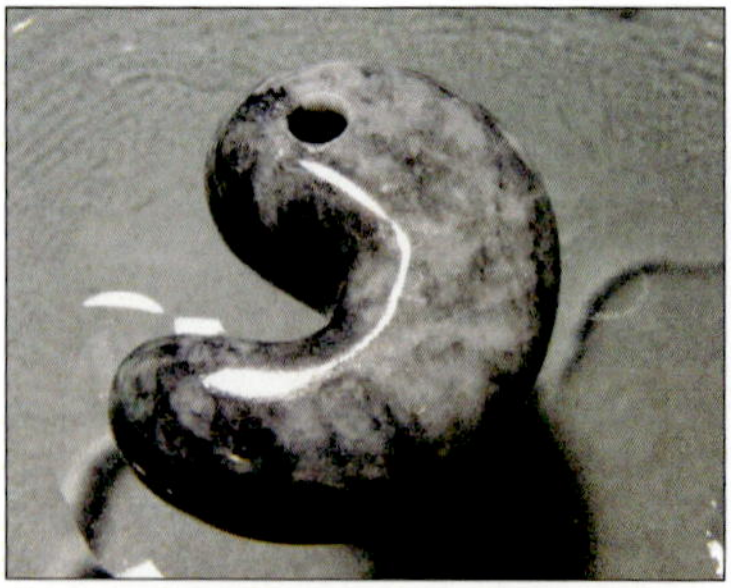

勾玉の形は胎児に似ている。胎児に魂が宿って赤子になるように勾玉には祖霊が宿って持ち主を守護する

白は無垢であり、けがれのなさを表す色として貴ばれてきた。白色のヒスイ勾玉はけがれを浄化して幸運をもたらす

穀物の新芽を模した新芽勾玉。日々の暮らしにたくさんの実りをもたらしてくれるよう力添えしてくれる

希有な日本ヒスイとして名高い入りコン沢産の青色ヒスイの勾玉。東京都杉並区の後藤さん所蔵

勾玉は頭や尾の形を少し変えたり、胴の太さを手加減するだけで千変万化して、それぞれに個性的な形になる

腰の曲がりの強い大型日本ヒスイ勾玉。しっかりと張った尾は「魔」を打つ霊的な武器になる

腰の曲がりの強い勾玉は僻邪の能力にすぐれ、障害を克服するよう手助けしてくれる

10センチを超える大きな勾玉は御利益効果特大なご神体になりそうだ

古代に作られたいろいろな形の勾玉

［45ページ参照］

頭に刻み目を持つ縄文勾玉は何かに似せて作られたはずだが、何の形を模倣しているのかわかっていない

このページでは縄文・弥生・古墳時代に作られたいろいろな形の勾玉をヒスイで再現した製品を掲載している

大阪府の古墳出土品とされるヒスイ製の細身勾玉。骨董店で購入する古代勾玉は制作年代不明のものが多い

糸魚川市在住の勾玉作家の手になるラベンダージェード製の腰曲り勾玉。パワーの強力さに感動した

ギョロメは眼が大きな勾玉。魔からの防御が古代呪術の重要なテーマで、大きな眼は邪眼を避けるのに効果的だった

青色まだら模様入りヒスイで作られたナスビ型勾玉。勾玉は列島の民の心意気をつちかってきた

丁字頭勾玉は頭に2、3本の切れこみがあってイルカの顔に似た勾玉。呪術的効力の増強を願ったとの説がある

細身で頭と尾がほぼ同じ太さのものは古代型勾玉とよばれる傾向にある。出雲大社の古代勾玉がその典型

獣形勾玉は、世界各地のパワーアニマル伝説と同じ動物形精霊への信仰が日本列島にもあったことを物語っている

勾玉研究の専門書では、背中にタテガミまたは魚の背びれに似た飾りを付けたものが出土品として報告されている

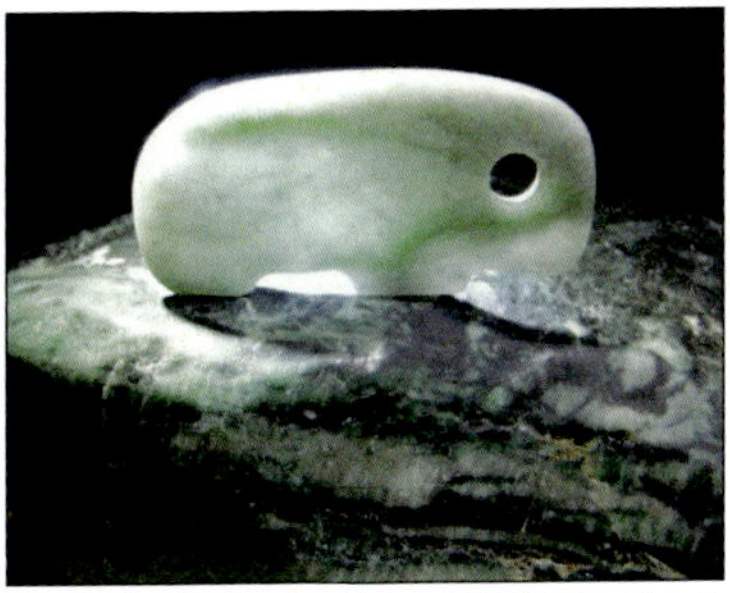

マヤ文明の遺跡から出土した動物形ペンダントのレプリカ。日本製獣形勾玉とよく似ている

獣形勾玉はおもに古墳時代の西日本の古墳から出土する。動物形精霊が死者の魂を彼岸へと先導したのかもしれない

天然石勾玉があると眼の前が明るくなる

［47ページ参照］

神居古潭はアイヌ語で神々の村という意味。神々のパワーが宿る石として知られている。30ミリ飛龍

水石（すいせき）界の貴公子といわれた北海道特産神居古潭（かむいこたん）石の30ミリ勾玉

緑のヒスイと似た色合いのミャンマー産マウシッシの38ミリ勾玉。メタリックな色味が魅力的な宝石

38ミリサイズのビルマヒスイ勾玉。日本ヒスイとビルマヒスイは同じ種類の鉱物、それぞれの良さがある

パキスタン産ヒマラヤ水晶から制作した30ミリ勾玉。水晶の浄化力は勾玉にするとさらに強くなる

日本産ネフライト原石から制作したギョロメ・タイプの30ミリ勾玉。インパクトの強さに目を見張ってしまう

ニュージェードの38ミリ勾玉。ニュージェードはサーペンチン（蛇紋石）の仲間で、ヒスイに比べると軟らかい

オパーライトの38ミリ勾玉。オパーライトはオパールそっくりに作られた人工宝石で、オパールは元来ガラス質

インド産レッドアゲートの38ミリ勾玉。メノウをヒーティングして赤く発色させる技術はインダス文明に由来する

インド産ジャスパーの38ミリ勾玉。この鉱物は碧玉・出雲石とよばれ、古代に出雲で作られた勾玉と同じ質

アマゾナイト製の30ミリ空色勾玉。アマゾナイトは長石の仲間で緑から青色までいろいろな色調がある

金香玉という中国原産の不思議な鉱物の38ミリ勾玉。採掘したての金香玉はメープルシロップに似た香りがする

新作勾玉は勾玉が苦手な人も好きになれる

［49ページ参照］

日本ヒスイ飛龍の第2世代は30ミリ。ヒスイは微結晶の凝集体。結晶粒子が細かくなると透明度が増す

古代中国の龍の玉製品にヒントを得た日本ヒスイ現代勾玉・飛龍。約35ミリ。精神的飛翔、仕事の成功を後押ししてくれる

白地に緑色のまだら模様がはいった日本ヒスイ製大型飛龍。飛龍は土地や人を浄化する力にすぐれているようにみえる

ヒスイ輝石にネフライトの仲間の角閃石が入りまじった原石から制作した約70ミリの大型飛龍

濃緑石で粒子が粗いミャンマー産のヒスイに似た原石から制作した腰曲り大勾玉。異形勾玉は招福作用が強い

飛龍をデフォルメして生まれた形。パワーの動きに鋭さが加わり、魔除けの効力が高まっている

龍とホウオウに対して大魚の形の勾玉を求めてサンプル制作したのがサカナ形勾玉

龍とホウオウは陰陽合体の象徴。ホウオウをイメージして誕生した鳥型の新作勾玉

如意鈎は狙った獲物を意のままに釣りあげる最高に縁起のいい形。願望成就を願うのに向いている

顎と尾が接合した勾玉はサル玉とよばれている。古墳から出土したものがあるが数は少ない

この愛らしい勾玉は、アニメの霊魂のようだが、類似のヒスイ製品が縄文時代の遺跡から出土している

オーストラリアの先住民アボリジニの神話から名前をかりて「虹蛇」と名付けた渦巻き型の勾玉

大珠《たいしゅ》があると神秘的パワーを実感できる

［51ページ参照］

ヒスイで大珠が作られたのとほぼ同じ時期、装飾品用磨製石斧もヒスイで作られたことが知られている

日本列島の天然石アクセサリーは「玦状耳飾り」から始まった。耳朶に孔を開けることには呪術的意義があった

世界でもっとも大きな日本ヒスイ製大珠を作ってみた。長さ26センチ、重量約1キロ

ヒスイ大珠の楕円形をした端正な形はおよそ5,000年前に生まれた。何を意味したかわかっていない

長さ約10センチの黒色系ヒスイ大珠。縄文時代には大珠を運ぶ「ヒスイの道」が列島にはりめぐらされていた

長さ約10センチ。緑の角閃石と白いヒスイ輝石が練りあわさったヒスイ大珠は威厳がある

現代製品のヒスイ大珠では35ミリのペンダント・トップがもっとも愛らしくて人気が高い

縄文時代の人たちにとってヒスイ大珠は大きなダイアモンドと同じように、それがあるだけで凄かったはずだ

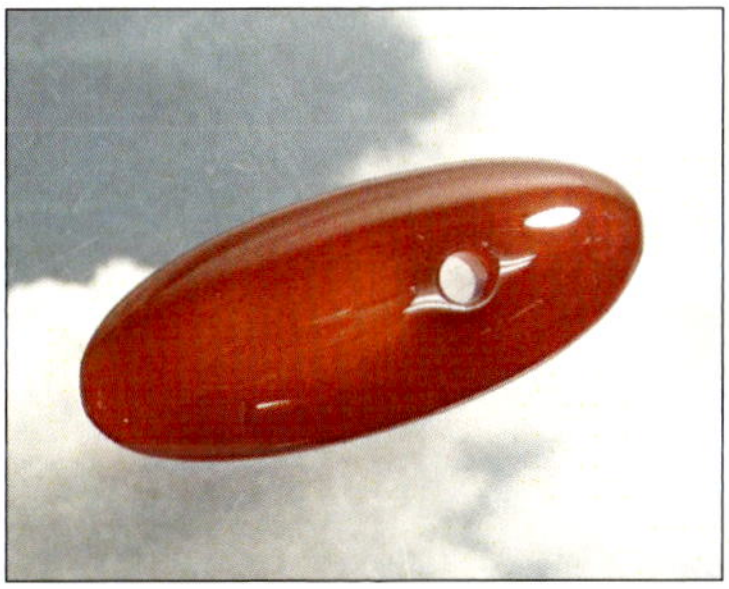

現代製品のレッドアゲート製大珠で50ミリのペンダント・トップ。ヒーリングツールとして愛好されている

縄文時代のヒスイ大珠の孔は笹の軸を用いて砂粒を研磨剤にして開けられたと想定されている

50ミリのヒマラヤ水晶大珠。このページの製品はすべて著者のデザインをもとに制作した現代作品

35ミリ神居古潭石のミニ大珠。天然石大珠は身に着けていると大きな力に守られている気分になれる

五輪塔から宝珠まで日本ヒスイ製品はパワー自慢

［55ページ参照］

五輪塔は仏の身体。宇宙の真理を表わす神聖図形で、五輪塔のあるところあらゆる苦難が霧散するとされてきた

ヒスイ石笛は縄文遺跡からの発掘品もあるため縄文の音色という。祖霊に呼びかけるために使われたようだ

ガマ財神には金運獲得を祈る。三本足ですばやく動いて金銀財宝を運んできてくれるという

お地蔵さんはあらゆる苦しみを救い、如意宝珠は意のままに願いをかなえてくれると伝えられてきた

日本ヒスイのペンダント・トップ。左からハート、六芒星、スターカット。約18−22ミリ

密教の法具のひとつ独鈷は如来の叡智を象徴する。あらゆる魔を退散させるパワーがあると信奉されてきた

勾玉は月の形から発展したという説もあって、勾玉は智恵をはぐくむ月の力を増幅してくれるようだ

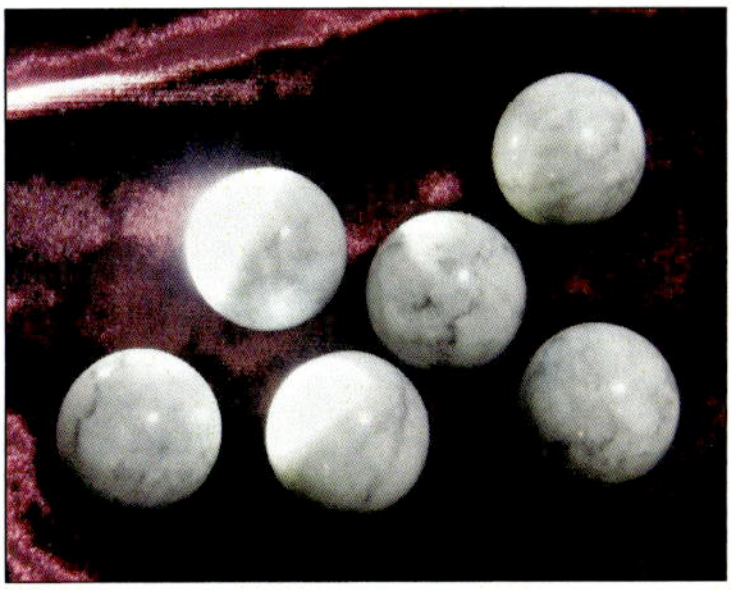

日本ヒスイの20ミリ丸玉は低予算で日本ヒスイを楽しめる人気製品。バッグに入れるとお守りになる

日本ヒスイ・ブレスレットは縁起の良さ抜群、除災招福効果が高くていいことばかりが起きるといわれている

日本ヒスイビーズは4－12ミリ玉まで各種。「縁」を開いて人やモノとの新しい出会いをうながす

日本ヒスイの小さな勾玉付き4ミリ玉ブレスレット。パワーストーンによる身辺守護効果があって安心できる

日本神話で語られるアマテラスが腕に着けていたのは、このような勾玉付きブレスレットだった

奴奈川姫と大黒様は日本ヒスイ神話の主役

［114ページ参照］

おそらくは日本中に一体しかない日本ヒスイ製のヒスイの女神・奴奈川姫座像。東京都杉並区の後藤さん所蔵。『古事記』では奴奈川姫は大国主命の恋人として描かれている

七福神の大黒恵比須は日本神話では大国主命と事代主命に相当する。大国主命神話には弥生時代末期の出雲勢力の活躍が投影されている

いまでもヒスイ原石を採集できる土地がある

［204ページ参照］

新潟県糸魚川市にあるフォッサマグナ・ミュージアムは日本ヒスイ研究の殿堂。ヒスイ原石の展示も見事

越中宮崎駅前のヒスイ海岸。ヒスイ原石を採集できる海岸として全国の天然石ファンに知られている

糸魚川市青海の青海川も日本ヒスイ原産地のひとつとして有名。ここでは黒色系のヒスイ原石が採集できる

糸魚川市を流れる姫川流域が日本ヒスイの原産地で、写真は姫川の支流小滝川に流れこむ沢のひとつ

大糸線の頸城大野駅・根知駅・小滝駅近くの河原ではヒスイ原石を採集できることもある

姫川の支流小滝川の上流にある翡翠（ひすい）峡。天然記念物に指定されていて原石類の持出しは厳禁されている

立派なヒスイ原石は
神さまからの贈り物
［220ページ参照］

緑色の日本ヒスイと出会える機会は少ないし、加工に適したひび割れの少ない原石となるともっと少ない（重量59グラム、左右に55ミリ）

海外では黒ヒスイの人気はうなぎ登り。黒色日本ヒスイの人気も年ごとに高まっている。写真は約4キロの塊状

日本ヒスイの菊花状結晶は珍品中の珍品（重量220グラム、左右に117ミリ）。ひび割れた面で再結晶したと思われる。黒部市のヒスイハンターが提供

ヒスイ原石が地下深くで圧砕され再度癒着したものが圧砕ヒスイ。割れ目に角閃石が入りこんでいる（重量1700グラム、左右に180ミリ）

日本ヒスイには多種多様の色合いがある

［220ページ参照］

2つに切断された白色系の日本ヒスイ原石。内側の状態を見て、勾玉やビーズなど加工品の種類を決めることになる

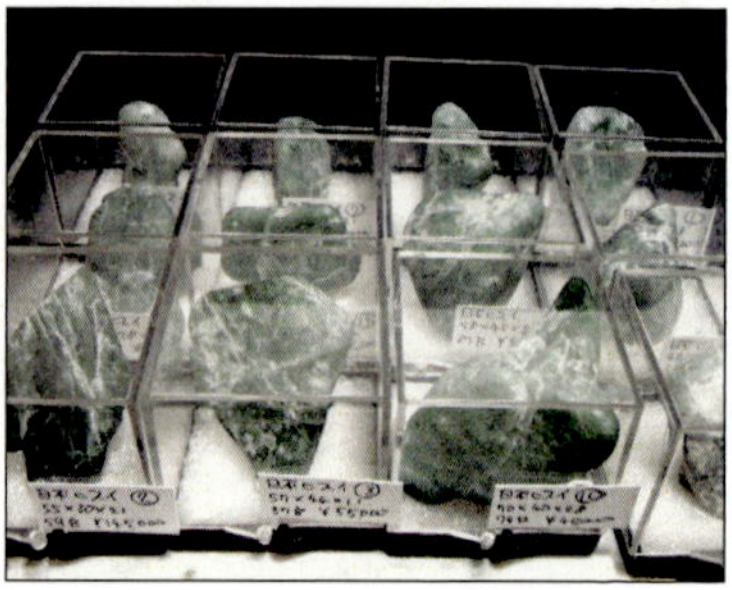

6センチ角のケースに入れられた緑色の日本ヒスイ原石。ヒスイ海岸でこうした色味の原石に出会える機会は滅多にない

日本ヒスイ原石は緑色でも様々な色調がある。重量500グラム、左右に60ミリ。写真では原石の大小はわかりづらい

緑の色味の濃いヒスイ原石で重量33グラム、左右に43ミリ。濃緑色半透明でも傷が多いと勾玉などを制作できない

水色をした原石が日本ヒスイの特徴のひとつで、発色にはオンファサイトとチタンが関連しているという。重量1.6キロ、左右に150ミリ

白色系ヒスイ原石のなかには帯状や塊状に緑色が入っているものがある。重量5.7キロ、左右に210ミリ

圧砕ヒスイを板状に切断すると写真のようなまだら模様があらわれる。勾玉・大珠にすると個性的な製品になる

日本ヒスイのうちで別格扱いを受けているのが、大糸線小滝駅近くの入りコン沢産の青色ヒスイ。驚くほどの高額で取引されている

明るい灰色が日本ヒスイの標準的色合い。青いまだら模様入りのものはおもに小滝川や横川に産出する。5.2キロ、上下に250ミリ

日本産ラベンダージェードは灰色がかった藤色が多い。発色原因にチタンの作用が考えられている

白色系ヒスイと角閃石が入りまじった原石は、大地の営みの超自然的な力に触るようで、出会いの感動も大きい。重量1キロ、左右に130ミリ

白色系ヒスイと蛇紋石や角閃石が接触・融合することでヒスイ原石は緑色に発色するようだ。重量1キロ、左右に120ミリ

日本各地に産出する知られざるヒスイ原石

［218ページ参照］

列島各地のヒスイ原石は産出量も少なく鉱物標本として出回る機会も少ない。写真は高知県高知市産のヒスイ原石

日本列島には10カ所ほどのヒスイ原石産地があるがほとんどは加工に適さない。写真は北海道旭川市産のヒスイ原石

長崎市産のヒスイ原石。付近からは長崎ヒスイと俗称される岩石やネフライトも採集されていて、やや紛らわしい

ここで紹介するヒスイ原石の写真は天然石販売業後藤商事の提供による。写真は岡山県新見市産のヒスイ原石

埼玉県秩父郡東秩父村産のヒスイ原石。低品位のヒスイ原石はどこにでもありそうな岩石と区分けしにくい

兵庫県養父市産のヒスイ原石。これらの産地は糸魚川地方からつづく蛇紋岩帯に属している

埼玉県大里郡寄居町のヒスイ原石。ヒスイ原石は石英を伴わないとされているがこの産地のものは例外的に石英を随伴している

鳥取県八頭郡若桜町産のヒスイ原石。この産地のラベンダー系のものには勾玉などに加工できるものがある

北海道日高地方産のヒスイ類似石で日高ヒスイと通称されている。古代には勾玉などの装飾品に加工されることもあった

新潟県糸魚川市の姫川で採集してきた濃緑色のヒスイ類似石。並のヒスイ原石よりも力強くて美しい

長崎ヒスイ原石から制作された現代ものの獣形勾玉。長崎ヒスイも古代には勾玉などが作られることもあったという

長崎ヒスイと俗称される長崎県産のヒスイ類似石で成分はおもにドロマイトと石英、ニッケルやクロムによって着色されている

ヒスイと同じほど美しい ヒスイ類似石もある

［235ページ参照］

チューライト（桃簾石）は産地の糸魚川地方ではヒスイに似ているのでピンクヒスイの愛称で親しまれてきた。上質なものは桜の花弁に似た甘やかな色合いをしている

ピンクヒスイの飛龍は驚くほどに品がいい。石質はピンクオパールに似ていて優劣つけがたいほどに可愛い

ピンクヒスイは鉱物的にはロディンジャイトの一種で緑色のアニョライトと混合しているものが多い。重量9.2キロ、左右に300ミリ

ノルウェー産のチューライト（ピンクヒスイ）には赤味の濃いものと薄いものがある

福岡県飯塚市でも産出量は少ないが高品質のピンクヒスイが採れる。写真のものは重量46グラム、左右に50ミリ

写真右の岩石と同質のものから制作したギョロメ勾玉と磨製石斧。便宜的に姫川白玉（はくぎょく）とよんでいる

白色ヒスイの類似石で驚異的に純白。鉱物研究所の分析で長石と石灰石（カルサイト）が複合した岩石と判明した

蛇紋岩のなかには緻密で高品位なものがあって貴蛇紋石とよばれている。ここから濃緑色で威厳のある勾玉を制作できる

ヒスイを探すには蛇紋岩を探せといわれている。ヒスイ原石は蛇紋岩に抱かれて地下深くから上昇してくる

ヒスイハンターを惑わせるヒスイ類似石の数々

［233ページ参照］

糸魚川地方でキツネ石と蔑称されるヒスイ類似石。おもに低品位のクリソプレースをふくむ岩石だが、その石なりに美しい

ヒスイハンター初心者が海岸で拾う白色系の小石の大部分はヒスイに似ているがヒスイではない

姫川で採集してきたものでオンファサイトか角閃石の仲間にみえる。岩石の鑑別は目視だけでは無理な場合が多い

オンファサイト成分の濃いヒスイ原石とされているが、オンファサイトとヒスイの区分けはさほど明確ではない

ピンクヒスイは鉱物的にはロディン岩を構成する鉱物の一種で、ピンクヒスイの薄桃色と白色の境界は見定めにくい

ヒスイハンターを悩ませる類似石の筆頭がロディンジャイト（ロディン岩）。断定できないがややセッケン的雰囲気がある

アルビタイト（曹長岩）にはヒスイ原石同様に濃緑色の角閃石を随伴したものや、濃い青色のものがある。重量18キロ、左右に330ミリ

アルビタイト（曹長岩）は気持ち構成粒子が粗い感じがする。長石特有のギラつく劈開面が見られることもある

表面をおおっているのはソーダ珪灰色（ペクトライト）か珪灰色の結晶、中身はヒスイ原石であるようだ。重量6.5キロ、左右に220ミリ

黒部市在住のヒスイハンターからいただいた類似石で正体は石英という。ヒスイ原石との見極めが難しい。重量950グラム、左右に100ミリ

アクチノライトの集合体のように針状の角閃石が凝集している。ヒスイにとって角閃石や蛇紋石は兄弟のような鉱物。重量3.3キロ、左右に180ミリ

角閃石の一種でマグネシウムを含むリーベック閃石。アルビタイトと混合しているように見受けられる。重量1.6キロ、左右に170ミリ

集めて楽しい外国産ヒスイ原石

［228ページ参照］

ミャンマー産原石の皮をはぐと原石がまるごと緑というものもある。透明度がない原石は比較的安価。重量2.1キロ、左右に170ミリ

宝石質のヒスイのほとんどはミャンマー産が占めている。河川跡の堆積地からの原石は表皮が酸化している。重量1.3キロ、左右に160ミリ

ヒスイににているがヒスイより鮮やか。鉱物専門家によるとクロムを含むアルビタイト（曹長石）であるらしい。重量130グラム、左右に65ミリ

ミャンマー産ヒスイ原石では透明度があって傷が少なく、宝飾品用ルースが取れるものやバングルを作れるものは超高価になる

まとめて購入したヒスイ原石にまぎれていた。成分としてはヒスイとマウシッシの中間にあるような気配がある。重量1.5キロ、左右に140ミリ

ミャンマーのマウシッシという所で発見されたのでマウシッシと呼ぶヒスイ類似石。コスモクロアを含んでいる。重量16.6キロ、左右に240ミリ

ミャンマー産黒ヒスイにはオンファサイト系とジェダイト系の2種類があってこれは前者。石肌が密で貴重な原石だ。重量9.2キロ、左右に240ミリ

緑色部分のメタリックな濃緑色の感触はコスモクロアに似ている。コスモクロアはヒスイ類似鉱物でクロムを含む。重量2.0キロ、左右に145ミリ

イタリアの山岳地方にもオンファサイトを含むヒスイ原石の産地がある。この産地での緑色原石は非常に珍しいという。重量23グラム、左右に63ミリ

ロシア産のヒスイ原石。オンファサイト成分が濃いようなので、科学的分類ではオンファサイトになるかもしれない。重量236グラム、左右に110ミリ

オンファサイトとガーネットを成分とする岩石がエクロジャイト。地殻深奥部の謎を解く鉱物として注目されている。重量142グラム、左右に90ミリ

中南米のマヤ文明はヒスイを最高の宝石として貴んだ。近年になって原石の産地がグアテマラで再発見された。重量152グラム、左右に85ミリ

古代中国ではネフライトが最高の宝石だった

[241ページ参照]

国産ネフライトの70ミリ大珠。古代中国ではネフライトは最高の宝石とされ、五徳を備えた霊石とあがめられた

国産ネフライトの勾玉。日本ではネフライトを軟玉翡翠、ヒスイ輝石を硬玉翡翠とよんできたが、こういう区別はされなくなっている

糸魚川市の姫川で採集された重量10キロ、左右270ミリの大サイズのネフライト原石。色味がよくて傷も少ない

糸魚川地方のヒスイ海岸でもネフライトを採集できるが、ヒスイハンターはこの宝石に重きをおいていない。中央の原石で約50ミリ

長崎県のヒスイ原石が発見された土地でもネフライトが採集できる。写真の原石は貝によって孔が開けられている。重量955グラム、左右に100ミリ

姫川で発見された白いネフライトの原石。古代中国で金よりも貴重だった白玉(はくぎょく)がこれで、日本での採集はとても珍しい。重量1.4キロ、左右に125ミリ

広州へネフライトを行商にきていた新疆ウイグル自治区の玉商人。彼から原石を買って勾玉を作ったことがある

新疆ウイグル自治区和田の白玉（はくぎょく）。およそ2,000年前に漢の朝廷の占有物となり、ジェードロードが整備された

ロシア産のネフライトのなかにはキャッツアイ効果のあるものがあって貴重。重量780グラム、左右に83ミリ

現在世界中に流通しているネフライトの大部分はカナダのブリティシュ・コロンビア州産でBCジェードとよぶ。重量2.5キロ、左右に190ミリ

ミャンマー産のネフライト原石。重量7.7キロ、左右に250ミリ。ミャンマーでも良質のネフライトが産出することはあまり知られていない

ネフライトは台湾の特産品のひとつだったが産出量が減って、加工品の多くはBCジェードを用いている。写真は台湾産。重量1.4キロ、左右に170ミリ

窓辺にヒスイを飾ると幸運をよんでくれる

[250ページ参照]

窓辺に天然石を飾るといいことばかりが起きる。ヒスイ原石を飾れば幸運をよんでくれる。規則はないので好きなように飾ってかまわない

植木鉢や水盤に砂を敷いてヒスイ原石を飾ると気持ちのいいインテリア・グッズになる

一例として約2キロの日本ヒスイ原石と直径50ミリほどのエクロジャイト丸玉を飾ってみた

日本ヒスイの本

最高のパワーストーン

◆

目次

第1部

日本列島に秘められたヒスイ文明の不思議

第3章

日本神話と勾玉のパワー効果

アマテラスは全身に勾玉を着けて霊的武装した

第4章 大国主と奴奈川姫の恋物語

オオクニヌシは
勾玉貿易によって財をなした

第5章 大王たちが愛したヒスイ勾玉

大きなヒスイ勾玉は
死後も王たちの生命力を強化した

第6章 列島の中国化で勾玉衰退

日本ヒスイ勾玉の衰退は
継体天皇の時代に始まる

第2章
百個百様の日本ヒスイ
日本ヒスイは一個ずつ色味が異なる

装丁――山田信也［スタジオ・ポット］

第1部

◆

日本列島に秘められたヒスイ文明の不思議

◆

はじめに

日本ヒスイは縄文時代以降五千年の歴史を誇る

「ヒスイ（翡翠）」という言葉には、不老不死の霊薬につながる蠱惑的な響きがあります。ヒスイの大きな珠《たま》をもてば、どんな願いもたちどころにかなえられる、不幸や苦悩を駆逐でき、永久《とわ》の幸福を得られる、そういった魔力が秘められているかのようです。

ヒスイについての知識がいくらか増すと、ペンダントヘッドやリングなどに加工される濃緑色半透明のヒスイは、あまたあるヒスイの色味の一つにすぎないことがわかってきます。ヒスイの基本色は白で色合いは青・黒・黄・赤・藤色と多岐にわたり、緑といっても限りなく純白に近い淡緑色のものや、萌え出たばかりの新芽の浅葱色、レタスやサラダ菜の初々しい色合い、夏山のむせるような濃緑色、など多彩です。

宝石としての形状もペンダントヘッドやリングだけではなく、ビーズのネックレス、彫刻を施した根付け、龍やヒキュウなどの彫像、香炉や花瓶などのインテリア用品、茶碗や箸などの食器類まで、さまざまな製品が作られています。

ダイアモンドやルビーと違って、ヒスイは小は親指の爪ほどから大は四トン積みトラック並みに大きなものまで各種各様のサイズで産出するので、大サイズの彫像の制作も可能になります。

ヒスイは古代中国で宝物扱いをされた「玉《ぎょく》」としばしば混同されますが、その認識は正しくありません。「玉」は宝石を意味していて、古代から近世にかけて中国で最高の玉とされたのは、ネフライトという角閃石系の鉱物でした。ことに白色の玉が重宝されました。これに対してヒスイはヒスイ輝石という鉱物を主成分としています。そもそも中国人は唐の時代はもとより、宋・元・明の時代もヒスイを知らないできました。近代になるまでアジア大陸ではヒスイは地中に埋もれたままで、誰もそれについて知ることがなかったのです。

ミャンマー北部でヒスイ原石が発見され、雲南経由で中国に運ばれて製品に加工されるようになったのは、十八世紀になってからのことです。清朝第六代皇帝乾隆帝（一七一一―一九九）や清朝末期の西太后（一八三五―一九〇八）に愛玩されて、ヒスイといえば中国の宝石と思われるほど中華文化圏で好まれる宝石になりました。

日本で広く知られるようになったのは一九一二年から二六年ごろ（大正時代）の好景気に後押しされてのことで、女性の宝飾品としてたちまち流行しました。

それとは別に日本の国内では縄文遺跡や古墳から勾玉などのヒスイ製品が出土することが知られていましたが、一部の考古学者を除けば無視されるのと同然の扱いでした。宝石としてのヒスイを評価する文化的風潮がなかったことが大きな理由で、原産地についても南のほうから運ばれてきた程度の推測しかなされていませんでした。

けれど、やがてこうした認識はひっくり返されます。雲南やビルマの秘境でしか産出しないはずだったヒスイが、富山・新潟の県境地方、糸魚川市の姫川の支流で発見されたのです。縄文・弥生・古墳時代を通じて大珠《たいしゅ》や勾玉に加工されたヒスイはすべて国産だったことが、広く知られるようになったのは戦後のことです。

古墳時代の末期に日本産ヒスイは人々の間から突然姿を消して以後約千五百年間忘れられたままになっていました。古代の日本列島には、世界でもまれなヒスイ文明が栄えていて、日本産ヒスイの原産地・新潟県糸魚川地方はヒスイ文明のメッカでした。それが忽然と消えてしまったというのは、精神史から見るならとんでもないミステリーです。

しかしこの発見が国民的大ニュースにならなかったのは、ヒスイは精神文化の象徴であって、金のような物質文化の象徴ではないとか、大正・昭和の男性社会では宝飾品は女のものであり、大の男が研究するようなことではないといったジェンダーの問題や、現代の考古学は呪術に視線を向けない、などの理由が考えられます。現代文明の基盤となっている近代合理主義のもとでは、精神世界に関連したことがらは過小評価されやすいということのようです。

それでもやっぱり、ダイアモンドやサファイア・ルビー・エメラルドの四大宝石と同じほどの価値があるヒスイが日本で採れるというのはすごいことです。採集のために採掘権を買ったり、あれこれ装備を整えたりしなくてもいい。普段着のまま目的地へ行ってキョロキョロと見回るだけで、誰もが一攫千金の夢を追える。しかもここで拾えるヒスイは、縄文・弥生時代に最高のパワーストーンとあがめられ、日本全国津々浦々へと運ばれていったのと同じヒスイです。

五千年から三千年前、ユーラシア大陸各地と新大陸で高度な技術を駆使する古代文明が栄えました。ケルト・地中海・メソポタミア・インダス・黄河・長江・マヤ・インカ、などいくつもの例を名指しできます。そんななかでヒスイに精神世界的価値を認め、宗教的熱意をもって愛玩したのは、日本列島とマヤなどメソアメリカの古代文明だけです。

ヒスイ海岸でヒスイ原石を手にするなら、その瞬間、私たちは縄文の先祖と一直線に結ばれます。パワーストーン・ファンや古代ファンにとって、アッと驚くようなヒスイの古代史やヒスイ原石生成の謎について、これからたくさんの紙幅をかけて物語っていきます。

まずは勾玉と大珠の基礎知識や、現代社会に流通している日本ヒスイ製品、石笛やブレスレット類などを眺めてから、第1章以降で五千年ほど前の縄文時代へと降りていくことにします。勾玉は胎児のようであり、魔術的でなじみにくいという人には、獣形のヒスイ製ペンダントや小型の大珠、磨製石斧に似た玉斧《ぎょくふ》、なども用意してあります。

ヒスイの古代史では、天上世界の大女神アマテラスと弟スサノオとのスターウォーズ並みの対決、武勇の誉れ高いオオクニヌシと賢くて美しいヌナカワヒメとの恋物語、などを語ります。

自分のクニの先祖の話なのに他人行儀に向きあう一般的な歴史書・古代史関連図書とはいささか視点を異にして、先祖たちの生き方や感性を知ることで私たち自身の心の内なる古代が目覚め、それによって心根がいまよりもう少し豊かになるよう、パワーオブジェクトの役割などについてもぺージをさいています。

日本産ヒスイは産地の地名によるブランド名で「糸魚川ヒスイ」とよばれたりもしますが、これでは地方の特産品の雰囲気。日本産ヒスイは日本というクニを象徴する宝石、国内はもとより世界中の人たちが認知する天然石になってほしいとの願いをこめて、以下では日本産ヒスイを「日本ヒスイ（ジャパン・ジェード）」とよびます。「ジャパン・ジェードは五千年の歴史」がキャッチフレーズです。日本ヒスイは新潟県糸魚川市や富山県下新川郡朝日町などの河原や海岸に産出します。ヒスイハンターにとって最もなじみ深い場所は糸魚川市ではなく隣町、朝日町のヒスイ海岸だし、縄文時代のヒスイ工房遺跡も両地方にまたがっているので、糸魚川ヒスイの呼称は正確ではないとも思います。

ヒスイには硬玉と軟玉の二種類があるとこれまでは説明されてきました。前者はヒスイ輝石（ジェダイト）、後者はネフライト（角閃石の仲間）と鉱物名が異なる別種の鉱物です。近年の風潮としてはヒスイ輝石主体の岩石だけをヒスイとよぶようになっていて、本書もこれにしたがっています。慣れるまでは混乱しやすいのですが、ネフライト（軟玉ヒスイ）は角閃石の仲間のトレモライト（透閃石）やアクチノライト（透緑閃石）の結晶微粒子が凝結した岩石をいいます。

第1章

日本ヒスイは最高のお守り

これがあれば心も身体もまるごと癒される

1◆勾玉に宿る祖霊のパワーが持ち主を助ける

アクセサリーの古代史の研究は、土器や遺構の調査に比べるといくらかマイナーな感じがいなめません。中世の西洋やインドでダイアモンドに目がくらんだのは男たちだったし、古代から中世にかけて、中国では王侯貴族は「玉《ぎょく》」から「徳」というパワーを得なければ皇帝や貴族として振る舞えないと信じられてきました。そういうことを近代日本の男たちは黒船に魂を奪われて以降すっかり忘れて、宝飾品を重視してきませんでした。

それでも古代日本列島に「衝撃のヒスイ文明」が栄えたのはゆるがせにできない事実で、現代の天然石ブームのなかで勾玉が復活したのはかつての大流行あってのことだし、古代の精神世界に関心を寄せる人たちの間ではヒスイ大珠の癒しの力が注目の的になっています。

手始めは勾玉の話です。世界に類例がない形状で、古くは縄文時代の遺跡から出土しますが、出土数が少なく、同じように縄文遺跡から出土する大珠や玦状《けつじょう》耳飾りに比べると見劣りがします。勾玉の本格的な制作は弥生時代になってからで、古墳時代に爆発的に流行しました。出雲で碧玉（ジャスパー）・瑪瑙《メノウ》・水晶から勾玉が作られるようになると身分差なく愛用されたようです。

勾玉の由来に関しては、①動物の牙を模した、②月神信仰のもと三日月を模した、③魂の形を想像した、④魚の形をまねた、⑤胎児の形を模した、⑥破損した玦状耳飾りの再利用として始まった、などの説が提案されてきましたが、いまだ定説はありません。

個人的には胎児の形だろうと思います。胎児に魂が宿って人間の赤子となるように、硬くて美しい石で「祖霊の宿り」になる形を作れば、そこに祖霊＝神霊が宿って持ち主を守護してくれる、災いを未然に防ぎ、幸運をもたらしてくれるという信仰があったはずです。

立派な勾玉にはパワーが湧きたち匂いたつような雰囲気があります。「匂い」には鼻で香りをかぐという意味のほかに、濃密な「気」を感じるという意味があります。たとえば美しさが匂いたつほどの麗人といえば、いい匂いがする人という意味ではなく、綾なすオーラがまばゆく輝いている美人という意味です。「奈良の都は咲く花の匂うがごとくいま盛りなり」は、花の匂いが都にたちこめているのではなく、百花繚乱した花たちのようにまばゆいばかりの生気にあふれた都という意味になります。

勾玉は古代の人たちにとっては、匂いたつパワーを実際に感じとれるパワーオブジェクト（物実《ものざね》）だったはずです。日本ヒスイ勾玉については発端から消滅を第2章から第4章で扱い、出雲の碧玉勾玉については第5章以降で展開していきます。

現代という時代に暮らしていくことの困難さ、先の見えない不安を癒すには、一人に一つずつ勾玉が必要なんだと、遠い昔の先祖が語りかけているようです。

2◆日本翡翠情報センター好みの正しい勾玉の選び方

勾玉は全体を魚に見立てて、孔を眼、眼のある部分を頭といい、くぼんだほうが腹で、反対側が背、腹と頭の境目あたりを顎、頭と反対側の先端を尾といいます。敵に向かってシャチのように勇猛に、①眼でにらみ、②顎で威嚇する、③背で見えを切り、④尾で敵を打つ、というのが霊的に作用するときの勾玉の機能です。だから勾玉は眼はくっきりとして、背は丸みをおびて力強く、尾は太くてしっかりしているのが理想です。

勾玉を選ぶにはこのあたりを基準に好みの形や大きさ、色合いを選別するのですが、衣服や靴を選ぶのと勾玉のようなパワーオブジェクトを選ぶのとはいささか趣が異なります。私たちは自我を生活の基礎とする暮らし方にすっかりと慣れています。あらゆる物事を自分の意志で決定し、自分で選ぶことこそが正しいという思いに縛られています。けれど精神世界的な出来事はこうした世界観に属していません。

むしろ神秘的世界の扉は、自我をゆるめることで開きます。禅やヨーガの解説書にあるように自我を放棄するという意味ではなく、一時的にゆるめる。あらゆる物事を自己判断し、自己責任のもとに決断するという態度を一時棚上げにして、なかば向こう任せの態度で接することでパワーへの通路が開きます。そこではパワーオブジェクトは、神秘的なパワーを私たちの日常生活へと運んでくるパワーの媒介物になります。

何かを見て心地よいと感じるのは、それをいま自分が必要としているから、というふうに思うのが選び方のコツです。第一印象を重視して考えこまないようにします。自分の頭脳で選ぶのは五割ぐらいにして残りは直感に頼るとか運任せ・天任せの気持ち、いっそのこと神意と思って選ぶと、自分にぴったりの勾玉を得られます。

勾玉を選んだら、次にはそれを育てる、「勾玉が育つとともに自分も育っていく」ことを考えます。昔の中国で印材を愛玩した人たちは「油養」といって、特殊な油を印材に塗って、製品を枯らさないよう気遣っていました。そうやって石を育てることで自分の心根を培ってきたのです。

勾玉を養うのに特別な方法はありません。折にふれて勾玉をなでたり、親指の腹でこするなどして、慈しむ気持ちをもつことが大事で、そうしてこそ勾玉はより力強いパワーの蓄電池に変容していきます。

勾玉が育つという感触がわかるなら、勾玉に宿るパワーもわかるようになります。「古代の息吹」が自分の内側で目覚めるのが自明の理となることでしょう。こうした感触が現代人である私たちに必要だから、勾玉は千五百年の時空を超えて現代によみがえったのだと思います。

3◆これなら勾玉が苦手な人も好きになれる新作勾玉

古代史関連の書籍や展覧会の図録を集めて弥生・古墳時代の遺跡からのアクセサリー類の出土品を見ていくと、動物の形そっくりの勾玉に出会って驚きます。

アメリカの先住民インディアンをはじめ、世界各地の神話・民話には人間を異界へと案内する獣形の精霊が登場し、パワーアニマルとよばれています。パワーアニマルは神秘的世界への先導者であり、シャーマン（呪術師）やヒーロー（英雄）の精神的成長を助けてきました。

こうした文化では物質的な世界だけが実在しているわけではありませんでした。広大で何層にも重なった精神宇宙があって、現実世界はそのうちの一つの層にすぎません。いくつもの層のそれぞれの領域には、神々とか精霊、はたまた妖怪や魑魅魍魎が暮らしている土地があって、全宇宙はとほうもなく巨大なショッピングセンターのようでした。

シャーマンは瞑想や苦行、断食、向精神性植物の摂取によって、これら精神世界を旅して、特異な体験を重ねていくことで能力を開発していきます。霊的ビジョンを求める旅は「ビジョンクエスト」とよばれていて、パワーアニマルはそのための仲間であり先導者です。猟犬が猟師を助けて獲物の居場所や前方の危険を知らせるように、パワーアニマルなくしてビジョンクエストはなしえないといっってもいいほどです。

日本の古代遺跡からの獣形勾玉の出土は、パワーアニマルを信奉する伝統が日本列島にもあったことを示しています。獣形勾玉の下地は縄文時代に作られましたが、いっそう獣らしく形が整ったものはおもに北九州や瀬戸内海沿岸の古墳時代の遺跡から出土します。これらの土地では桃太郎伝説の原型となったような、パワーアニマルを連れたシャーマンによる悪霊退治の伝統があったのかもしれません。あるいはアイヌの熊祭りに似て、パワーアニマルを祖霊の眷属として尊んだということも考えられます。

「日本ヒスイには興味がある。けれど勾玉のあの形はどうも好きになれない」という人も、獣形勾玉であれば日々の心持ちをいまよりもっと豊かなものにするのに役立てられます。

日本の勾玉作家たちがバイブルのように見なしている本に『日本古玉器雑攷』（梅原末治、吉川弘文館、一九七一年）というのがあって、ここには各種各様の遺跡出土品や伝世品の獣形勾玉が紹介されています。なかにはイルカやサカナの形もあって、ためつすがめつ眺めているうちに、勾玉は必ずしもカシューナッツに似た形じゃなくてもいいことに思いあたりました。そうやって自分の勾玉コレクションには、古代中国の原初の龍をモデルにした「飛龍」や、ニュージーランドのマオリ族の渦巻き模様に由来する「虹蛇」、古代マヤ文明の動物彫像をモチーフにしたほのぼの型などが加わっていきました。

勾玉の一つ二つを身近に置いて、手のひらに転がしたり、机の上に置いたものを愛でて気持ちを通わせたりしていると、遠い昔の先祖たちとつながれる気分になれます。彼らから自分へと連綿とつながる血筋の系譜がいとおしいものに思えてきます。

4◆ヒスイ大珠はパワーを汲み出す井戸

ヒスイ大珠《たいしゅ》は日本ヒスイファンには耳慣れた言葉であっても、世間的な認知度は低いままです。

ヒスイ大珠はいまから五千年ほど前の縄文時代中期に始まり、後期にかけてのおよそ二千年間の遺跡から出土するヒスイ製品。多くは細長い楕円形で五センチから十五センチ前後、ほぼ中央に孔が開いていて、原始時代の産物とは思えないほどモダンな形をしています。現在のところ、これが何に使われたのか、社会的にどのような意義があったのか、まったくわかっていません。

個人的には大珠の孔は紐を通すためではなく、第一の目的はスッパリと貫通孔を開けることにあったと考えています。

魂振りと魂鎮め、つまりはパワーアップとヒーリングが世界各地のシャーマニズムの基本的な癒しの技法であることを想起するなら、縄文時代のシャーマンは大珠の孔に紐を通して、依頼人の頭上や患部の上で円を描くよう振りながら呪文をとなえ、身体から遊離してしまいやすい魂を落ち着かせたり、魂を活性化させたと考えられます。また祭りでは大珠はパワーを汲みだす井戸となり、神々のパワーを人々に分け与えたことでしょう。おそらくはヒスイ大珠は、縄文時代の人々にとっては、何に使うというよりも、それが、いま、ここにあることがいちばん大事だっただろうと思います。

私たちのためにも大珠はヒーリング・ツールとしてすばらしい形をしています。たとえば、困ったときや心細いときに大珠の表面を親指の腹で下から上へとこするように何度もなでる。比較的短時間で不安や心配を和らげ、正常な判断力を回復できます。指先の末梢神経には中枢神経に直接はたらきかける作用があり、親指の腹を刺激することで交感神経と副交感神経のバランスが整うからだといわれています。

大きめの大珠は紐を付けて机の近くにつるすと「気」の環境を整えるのに効果的であり、小型大珠のレザーペンダントは、他者からのネガティブな波動や土地の悪い因縁を防ぐのにすぐれた効果を期待できます。肌を若返らせるというカッサプレートとしても活用できます。

ヒスイ大珠とほぼ同じ時代にヒスイ製の磨製石器が作られているので、ここに加えておきます。これらは実用的な石斧と違って小サイズで、紐でつり下げられるよう孔が開けられていて、なおかつ刃が丸められているため、護符として作られたと想像され、一般の石斧とは区別して「玉斧《ぎょくふ》」とよばれています。

古代文明ではたいがいの武器は信仰の対象になりました。古代インドの武器・金剛杵は仏教では宇宙の真理の象徴となり、古代日本で青銅の剣や矛が支配者の象徴となり、神々に捧げられて霊たちをパワーアップしたように、あるいはヤジリが目的を射止めるお守りになったように、石斧も願望を実現するお守り、強烈なパワーで「魔」を打ちのめす護符とされてきました。

5◆呪術への理解がないと古代は見えてこない

縄文時代は野蛮な時代だった、日本列島の文明化は水田稲作の移入とともに始まった、と多くの人が信じています。けれどここにヒスイ大珠を置くと、縄文時代はとたんに知的に見え始めます。新潟・富山県の県境、日本ヒスイの産地を中心に、北部九州から北海道までを網羅するジェードロード（ヒスイの交易路）の痕跡を追うなら、縄文時代の知的成熟度はほぼ同時代の古代文明、エジプトやメソポタミアに匹敵したことがわかってきます。

古墳時代の勾玉流行よりも三千年以上も昔、鉄器がなかった時代に、ヒスイのように硬い石を細長い楕円形に磨いて、ダイアモンド・ドリルを使ったようなスッパリとした孔を開けた製品が流通していたというのは、真に驚くべきことです。ヒスイ大珠は人類が宝石を愛好するようになった最古の事例の一つであり、縄文時代は地球規模で見て希有な超古代文明でした。

大珠や勾玉が昔の人々にとって何だったかを推測するためには、古代の呪術への理解が不可欠です。なぜなら古代では、起きてから眠るまで、生産活動や政治、個人の暮らし向きなど、すべてのことに呪術が先行したからです。そこで、縄文時代のヒスイ製品についてさらに探求する前に、呪術の基本的な考え方を述べて、大珠がどのような呪具だったかを検討することにします。

呪術はいかがわしい。呪術は迷信であり社会に害をまき散らす、と近代合理主義以降信じられてきました。私たちの文化は呪術をおとしめて鬼子にすることで正当性を確保してきたようなところがあります。

ここでいう呪術は他者が不幸になるよう呪う術という限定された意味ではなく、物質世界を包んでいる大きな世界を想定して、向こう側のパワーを活用する方法をいいます。

私たちの遠い先祖である現世人類は、進化の道筋の途中で、言葉を操って抽象的な思考を深められるようになり、思考や知識を他者と共有できるようになりました。人類は知性化されたわけです。この知性化によって人類はパワーの世界に目覚めました。当初それは精霊たちの世界だったのですが、やがて神々の世界として思い描かれるようになります。

超古代の人々が感じたのは、第一に、私たちが暮らしている世界だけが存在しているわけではないということでした。この現実的な物質世界は母体ともいえるもっと大きな世界から開きだされてくる。向こう側を実際に体験するのは難しくはあるが、その体験はとてもリアルであるということでした。ここから現実は向こう側と合わせ鏡のようになっているとか、向こう側の鏡に映った虚像が現実であるというような認識が生まれ、向こう側を現実に対する霊的世界とよぶような観念が発達していきました。向こう側は純粋なパワーの世界、非物質的ないし半物質的世界であり、霊的存在として神々や精霊が住んでいて、彼らにはそれぞれ役職があって向こう側を維持しているというのが、現在の宗教やシャーマニズムの基本的考え方になっています。

向こう側からこちら側が開きだされてくるなら、つまり半物質的な要素が物質的世界に実体化してくるのなら、その過程に介入すれば、世界の展開の結果を変更できるとするのが呪術の基本的考え方です。通常はそれぞれの役職をになう神々に結果の変更を願うということになります。たとえば、落第するはずの息子の受験を神々に祈って合格するように変えてもらうとか、仕事の妨げになっている障害を取り除いてもらうといった案配です。

このためには呪力がある言葉、言霊《ことだま》や、象徴を駆使して向こう側へと影響を及ぼす技法や、霊性を高めて神々と向き合えるようにする修業法などが、開発され発達してきました。この過程で、こちら側の世界にも向こう側のパワー要素を強く内包している物質があることにシャーマンたちは気づきました。それらはパワーオブジェクト（物実）として重宝され、パワーオブジェクトのパワーを活用することで、向こう側に干渉したり、自分をパワーアップしたり、向こう側へと旅行できるようになったのです。

こうした思考方法を受けいれて、自分が縄文時代のシャーマンになったつもりでヒスイ大珠に向き合うなら、大珠は神秘の力をあらわにして向こう側へと私たちを開いてくれます。そこでは現代的な価値観のもとでかんじがらめになっている精神の窮屈さをゆるめられます。自分の全体性を回復するということの意味がわかるようになって、いまよりもっと気楽に人生に向かえるようになります。

呪術の考え方と発展については、一部重複しますが「第7章　家父長制崩壊と勾玉の復活」でもう少し詳しく考察します。

6◆ヒスイ石笛の強力な音の浄化力

ヒスイ石笛は「縄文の音色」といわれています。というのも、現代の神道のいくつかの流派では石笛奏上の儀式があり、縄文時代の遺跡から出土するのと同じ形状の石笛を使用しているからです。縄文時代のシャーマンも、石笛を吹いて祖先の霊を招いてから祭りごとをおこなったと考えられています。

石笛の甲高い音色には超音波が含まれています。神秘主義的な解釈では、人間の耳には聞こえない超音波が、神々を招く信号、もしくは神々を降ろすための梯子《はしご》になるとされています。犬笛が人間の耳には聞こえなくても、遠く離れた犬の耳に届くのと同じ発想です。

意識には緊張したり弛緩したり、恍惚感に酔ったり、激怒したりと、いろいろな層があって、意識が日常性を離れると、神々の存在を実感として感じられる意識の層へと移行します。「ヒスイ石笛は神々を招くよう作用する」というのは、巫女や霊媒の意識が石笛の超音波によって変性して、神々を自分に憑依させられる状態へと変移することを意味しています。

筆者が石笛の音を初めて聞いたのは三十年ほど前のことで、当時京都に神がかりして石笛を吹奏する老人が住んでいました。雑誌の取材で訪ねたのですが、口元に当てた石笛から流れ出てくる音は、石にうがたれた小さな孔一つから出るとは思えず、美しくもおごそかな旋律があって、まるで天人が奏でる雅楽のようでした。

三島由紀夫は『英霊の声』(河出書房新社、一九六六年)という小説のなかで以下のように書いているのですが、その老人が奏でる石笛は、まさに三島の書いたとおりでした。

「石笛の音《ね》はきいたことのない人にはわかるまいと思うが、心魂をゆるがすような神々しい響きを持っている。清澄そのものかと思うと、その底に玉のような温かい不透明な澱みがある。肺腑を貫くやうであって、同時に、春風駘蕩たる風情に充ちている。古代の湖の底をのぞいて、そこに魚族《いろくず》や藻草《もぐさ》のすがたを透かし見るやうな心地がする。又あるひは、千丈の井戸の奥底にきらめく清水に向かって、声を発して戻ってきた谺《こだま》をきくやうな心地がする。この笛の吹奏がはじまると、私はいつも、眠っていた自分の魂が呼びさまされるやうに感じるのである」

神々や祖霊を招く祭儀では「場」や「人」を清めることがなによりも大事です。石笛の音色は穢れを祓い、災いを追いやり、清らかですがすがしいパワーを招く力にすぐれているとされてきました。こうしたいわれがあって、ヒスイ石笛はもっているだけで「魔」を退け、邪《よこしま》なものを遠ざけ、自分自身や身辺のもろもろを浄化して幸運に会いやすくするパワーオブジェクトとなっています。

ヒスイ石笛はほぼ鶏卵の大きさ。直径八ミリから十二ミリほど、深さ約三十ミリの孔が一つ開けられています。この孔を下唇で三分の二ほどふさぎ、残りの隙間に細く長く息を吹き入れると、ピーッと鋭い音がします。尺八を吹くように練習すると音階を表現できるようになります。鶏卵大の石笛は滑らかに磨かれていて、手のひらにすっぽりと納まります。その感触を楽しんでいると、天の神様からの贈り物のように思えてきます。

ヒスイ石笛に触れていると、滑らかな石肌がしっくりと手のひらになじみ、ポカポカと温かくなってきます。ヒスイの遠赤外線輻射作用によるもので、ヒスイは毛細血管の血流をよくして新陳代謝を高める薬石効果が高い天然石。健康にいいばかりでなく肌を若々しく保つのにもいいとされています。

7◆日本ヒスイ・ブレスレットは幸運を結びつける

仕事の成功を願って、あるいはいい結婚相手が見つかるようにとか、不幸な目にあわないように、など、いろいろな願望を成就できるよう天然石のブレスレットを身に着けるのが当たり前になっています。スーツを着た男性の腕にブレスレットが光っているのも珍しくありません。

流行はなにごとであれ、あれよあれよというまに広がり、市民権を得るやずっと以前からそうだったという顔をするので、始まりがわかりにくいのですが、天然石ブレスレットが人気のアクセサリーになったのは比較的最近のことです。三十年ほど前に始まったパワーストーン・ブームは、天然石ビーズが量産できるようになってたちまちのうちにビーズネックレスの流行になり、年齢・性別を問わないブレスレット・ブームへと広がっていきました。

天然石ブレスレットの流行が古代のよみがえりであることに気づいている人は少ないようですが、腕に勾玉や丸玉ビーズなどの天然石を結んでお守りにするという風習は、古くは古墳時代に流行しました。

第3章「日本神話と勾玉のパワー効果」で詳述しますが、日本神話には、高天原にスサノオが登ってくると聞いて襲撃と勘違いしたアマテラスが弓や剣で武装すると同時に、いくつもの勾玉をビーズで連ねたネックレスやブレスレットを身に着けて霊的武装するというエピソードがあって、アマテラスの勾玉の一つから大和王朝の祖先が生まれるという物語につながっていきます。『日本書紀』で語られる古代の大王（天皇）たちの年代記にも、天然石ブレスレットが幾度か登場します。

古来、紐で玉を結ぶという行為には魂《たま》と魂を結びあわせるという呪術的意味がありました。男女の縁を結ぶというように、人やモノとの精神的なつながりを強化することの象徴や比喩として用いられてきました。幸運をつなぎとめて離さないとか、目標と自分とをしっかりと結んでおく、という意味もあります。

男女の縁を結ぶとか、人と人との縁を結ぶという意味で、日本ヒスイは特別意義深い存在です。日本ヒスイは列島の住民である私たちにとって五千年の歴史がある天然石。そのために日本ヒスイを手にすると心のなかの古代の層が活性化されます。深層心理学の分野で明らかにされているように、心の深層が活性化されると、①偶然知り合った人が人生の転機になったり、②あれがほしいと思っているうちに予期せぬ方法で入手できたり、③まぐれのような小さなきっかけがもとで願いがかなったり、など、奇妙な偶然の一致がしばしば起きるようになります。

「奇妙で予期せぬ偶然の一致」「隠された意味があるように思える偶然の一致」を、心理学者のカール・G・ユングはシンクロニシティーと名付けました。彼はシンクロニシティーが起きる理由として、潜在意識が、物理的な因果関係では推しはかれない方法で周囲の物事を察知したり、遠く離れた者同士でも互いに共振しあうからだと考えていました。

シンクロニシティーは心の深層が耕されることで起きやすくなります。夢に興味をもったり、瞑想したりすると、シンクロニシティーが起きやすくなるのはそのためです。日本ヒスイのブレスレットや勾玉を手にすると、当人はそうと気づかなくても、古代の意識に目覚めやすくなるので、シンクロニシティーが起きていきます。それによって思わぬ形で願いごとがかなうようになります。

シンクロニシティーを起きやすくする心理状況では潜在意識のレーダー機能が増幅されるため、日常のなかのささいな変化、偶然の出来事に敏感になれます。「気づきの能力」が高まります。日本ヒスイの勾玉やブレスレットは「気づきの能力」を高めることで物事を新しい展開へと導いてくれます。

日本ヒスイのブレスレットや勾玉などと仲良くすると、他者との出会いがうながされて、思わぬ形で目標を達成できたり、願望が実現してしまうといったことを体験できるようになります。

奈良時代に編まれた『万葉集』は、多くが恋人や配偶者を慕う気持ちや別離のつらさを歌う恋歌からなっていますが、異性への熱い思いがそのまま呪術のパワーと共振して、五穀豊穣・子孫繁栄・天地平安をうながすという歌人たちの思いいれを根底に読みとれます。

そして結ぶという行為に男女の愛情をつなぎとめようとした、いくつもの歌に出会ってせつない思いに駆られます。その一つがしばしの別れに際して互いに下着の紐を結びあう歌の数々です。下着の紐を結びあうことには呪術的な作法や技法があって、心をそこに縛りつけることで性的関係が強化され、浮気を予防できると考えられていました。

結ぶという行為にこうした情景を重ねあわせるなら、玉と玉を結んだブレスレットに「縁」を結んで幸運を招く力を読みとるのが容易になります。

第2章

日本列島ヒスイ文明の謎

秘められた縄文ヒスイには祖霊への愛が充満していた

1◆日本列島を謎のヒスイ文明が覆っていたことの不思議

いまから五千年ほど前、謎とよぶしかないヒスイ文明が縄文時代の日本列島を覆っていました。最初は大珠、次には勾玉へと形を変えて、ヒスイを愛好する文化は縄文から弥生、古墳時代へとおよそ三千五百年間つづいたあと、忽然と姿を隠してしまいます。

古代エジプトのピラミッドのような派手な建造物はないし、教科書で強調されてこなかったし、古代のアクセサリーが考古学で脚光をあびる機会は少ないしで、見過ごされたままになっていますが、五千年前に特定の宝石を愛好する文化があったということは、真に驚くべきことの一つであり、これは私たちが、いまここに、こうして暮らしているこの土地で実際に起きたことです。

三十人から五十人ほどの人たちが小さな集落を作って、海辺で貝をとったり、森の木の実を拾ったり、イノシシやシカを狩って、素朴で原始的な生活を営んでいた、という旧来の縄文時代のイメ

縄文時代の糸魚川地方の風景と遺物

長者ヶ原遺跡出土のヒスイ大珠。フォッサマグナ・ミュージアム隣接の長者ヶ原遺跡博物館に展示されている

新潟県糸魚川市長者ヶ原遺跡出土の土偶でカッパ形土偶とよばれている。身体の線刻模様は妊娠状態を示すという

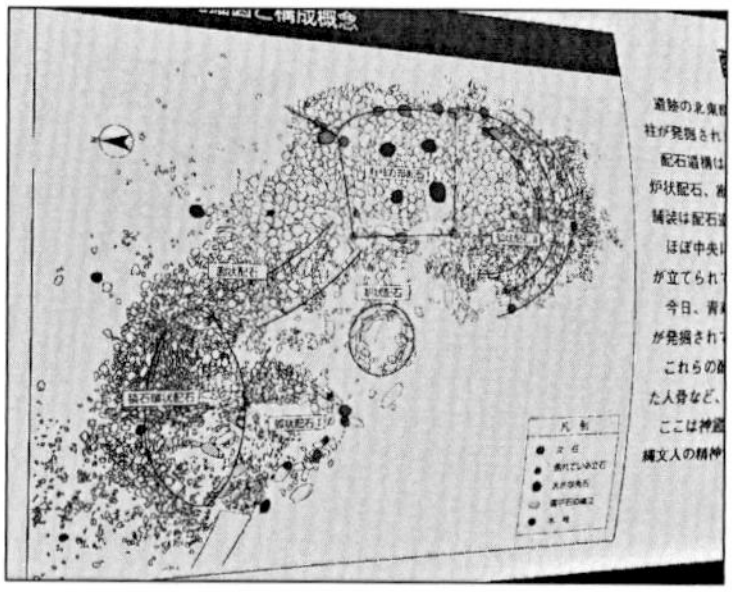

4本の柱跡は勾玉（もしくは胎児）形の配石遺構の一部をなしている。この遺跡は解読されていない

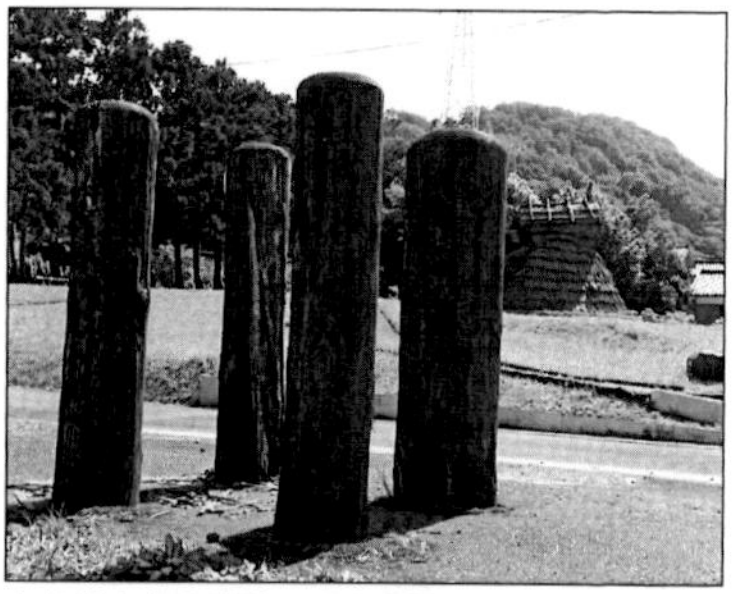

糸魚川市寺地遺跡の巨木遺構に4本の木製柱が復元してある。ヒスイ文化発祥の地という

長者ヶ原遺跡近辺の畑から発見されたヒスイ原石。30年ほど前にはよく見つかったという

越中宮崎ヒスイ海岸の近く富山県朝日町不動堂遺跡の長大な竪穴式家屋の復元。左右に約17メートルあって日本最大級の規模

ージは、一九九二年に始まった東北の三内丸山遺跡の巨大な集落跡の発掘によって根底から覆されてしまいました。

同じように縄文ヒスイ文明の発見は、超古代に人やモノが行き来するヒスイの交易路が日本列島中に張り巡らされていたという驚きをもたらしました。粗末な掘っ立て小屋に暮らして自給自足の日々を送っていたはずの縄文の先祖が、その実何百キロも旅をする交易商人でもあったのです。

なぜ、日本ヒスイが「魔法の石」として選ばれて日本中に運ばれたのか？　それにはどのような意味があったのか？　大珠とよばれるヒスイ製品はどうやって使用されたのか？　勾玉は何のためのものだったのか？　詳しいことはわかっていません。

何もわかっていないので、謎とよぶしかないのですが、新潟・富山県境のヒスイ海岸一帯で採集されたヒスイ原石は、往古の人々にとっては神秘的なパワーが蓄えられたバッテリーのようなものだったと考えられます。いうなればヒスイは強大なパワーを授かるための元祖パワーストーンだったわけで、縄文・弥生・古墳時代と長きにわたってつづいたパワーストーンへの愛玩が、千五百年間のブランクを経て現代によみがえった背景には見えない意志との暗合があるようにみえます。

2◆ヒスイ製大珠の出土は意外なほど少ない

日本ヒスイの大珠や勾玉については拙著『宝石の力——幸運は形に宿る』（青弓社、二〇〇三年）などでふれてきましたが、データが古くなった部分があるため、内容が旧著といくらか異なる点があります。

「考古学上最古の大珠は山梨県の天神遺跡〔縄文時代前期末〕から出土したもので、最大のものは約十六センチ、富山県の朝日貝塚〔縄文時代中期〕〔あいの風とやま鉄道越中宮崎駅のヒスイ海岸に近い：引用者注〕から発見されている。

通常は五センチから十センチほどの大きさ、中央やや上寄りにスッキリとした孔があけられているのが特徴で、初期のものは転石に多少手を加えただけのものが多く、のちには鰹節型〔細長い楕円形：引用者注〕に整形されたものが目立つようになる。これまでに発掘された総量は二百余におよび、北陸・中部山岳・関東地方を中心に北海道から九州にいたるまで全国で出土しているが、近畿・中国・四国地方からの出土例はない。五千年から三千年の昔、日本列島にはすでに、日本海側を中心とする文化圏と瀬戸内海を中心とするそれとの二つの文化圏があったということなのだろうか？」〔同書八七ページ〕

「ヒスイ製大珠に使用される原石はどこからくるのか、鉄器のない時代にどのような方法でかくも見事な孔をあけることができたのか、長い間謎とされてきたが、一九三九年に新潟県糸魚川市一帯〔新潟・富山県境地方：引用者注〕でヒスイ原石が産出することが確認されて原産地の問題はかたづき、孔あけについては、研磨剤を使用する磨製石斧の制作技術がシベリアから伝わり、それを転用したと考えられるようになっている。なんと、縄文時代の人々は、細い竹管を使って、水晶よりも加工しにくいヒスイにスッパリとした孔をあけることができたのである」〔同書八七ページ〕

この原稿を書いた当初から、これまでに発見・発掘されたヒスイ製大珠の数の少なさが気になっていました。たとえば『古代翡翠文化の謎――シンポジウム』（森浩一編、新人物往来社、一九八八年）所収の「ヒスイの玉とヒスイ工房」（寺村光晴）には以下のように記されています。

「硬玉製大珠は北海道から九州に至るまで、現在全国で二百数十個が見つかっています。そのなかで多いのが東日本で、北陸地方・中部山岳地帯で全体の四〇％、関東地方を含みますと、実に七〇％近くなります。時代は中期がもっとも多く七五％、後期になりますと二〇％前後くらい、その後はポツポツという感じになります」

時代区分では縄文中期は五千五百年から四千五百年前、後期は四千五百年から三千三百年前。後述のように、西日本での出土が少ないのは縄文時代には北九州を除いて文明拠点がほとんどなかったからで、後期には文明が疲弊し、交易も衰えたからだと思われます。人口の少なさも原因の一つとしてあります。それでも中期と後期を足して二千年間の出土数として二百数十という数はあまりに少ない感じがして、この数への疑問は深まるばかりです。みんながほしがればたくさん作られるだろうし、需要がなければ長期間にわたって同じものが作られたりはしなかったでしょう。

3◆天然石ピアスと磨製石斧からヒスイ大珠への飛躍

縄文ヒスイ文明には天然石ピアスや磨製石斧を作る前史がありました。六千年ほど前、縄文早期末葉から前期初頭という時代に、富山湾の周辺一帯で滑石や蠟石という軟らかい石を使った玦状耳飾りというものが作られ、列島各地に運ばれていくようになります。直径三センチ前後の平らなドーナツの一部に切れこみを入れた形をしていて、耳朶に孔を開けて装着したピアスだったと考えられています。呪術的視点からはこの製品には耳から入る「魔」を防ぐ効用があった、あるいは祖霊・精霊の声を聞きやすくするためのものだったと考えられます。

やがては滑石や蠟石よりも硬い蛇紋岩から玦状耳飾りが作られるようになり、同じ素材を使った蛇紋岩製磨製石斧が富山・新潟県境地方の特産品になっていきます。

たとえば、富山県上市町の極楽寺遺跡からは千点以上の玦状耳飾りや飾玉、原石が出土しているというように、玦状耳飾りも磨製石斧も現地での需要をはるかに超える量が制作されていました。石を磨いてピアスを作るという発想や制作技術は、かつては北のほうから伝播してきたと考えられていたのですが、近頃では江南のほうから海流に乗って移住してきた人々の影響があるとか、現在の内モンゴル自治区にあった紅山文化周辺からの移住民の手によるとの説が語られるようになっています。紅山文化の出土品を集めた写真集には日本で出土するのとそっくりの玦状耳飾りが紹介されていてドキリとさせられます。

蛇紋岩やネフライトで磨製石斧を作っていた人たちのなかに、海辺で拾ったヒスイ原石に魅了された人がいた。波打ち際で水に濡れてぬらぬらと輝くその石は、神秘の世界からこちら側へと漏れ出てきたかのように見えたことでしょう。彼らはヒスイの硬さをものともせず、それに孔を開けた。そうして紐を通して首にかけると、胸の中心でパワーが渦巻く感触があった。そうやってヒスイ製大珠が作られるようになったと思います。

ヒスイのような硬い石にスッパリとした孔を開ける。その行為そのものに呪術的な意味があったはずです。

えちごトキめき鉄道青海駅から徒歩三十分ほどのところにある寺地遺跡はヒスイ工房跡として名高い遺跡ですが、この集落には聖地だった証拠といえるような、巨木を中心として、大きな胎児のように見える配石遺構が残されています。現在の寺地遺跡は遺構を復元する形で四本の柱が立てられていますが、柱跡が四個あったからといって常時四本の柱があったとはかぎらず、諏訪大社の御柱さながらに長い柱が一本だけ立てられていたと考えられなくもありません。

かつてアメリカのニューメキシコ州、プエブロ・インディアンの祭りに遭遇したとき、広場の中心に立てられた六、七メートルの柱の先端に供犠の羊が縛られているのを見ました。同じように寺地の集落でも、祭りの日には天への供物として、宇宙樹を象徴する柱に屠られた獣が縛られていたのではないでしょうか。

こういう遺跡にふれると、その時代、ここが列島の文明のメッカであり、呪術の学校のようなものがあって、ヒスイ製大珠を手に入れて使用法をマスターしたいと、縄文のハリー・ポッターたちが学んでいた風景が浮かんできます。あるいはこの地で制作された大珠が秘儀によってパワーを増幅されたあと、聖なる呪具として北海道や東北、九州に運ばれていったようにも思えます。

4◆縄文時代のあまりの長さに息もたえだえ

三万年ほど前、日本列島が朝鮮半島やシベリアと陸つづきだったころ、私たちの先祖である縄文人のさらなる先祖の旧石器人はすでに列島に暮らしていて、ナウマンゾウやオオツノジカ、バイソンといった大型哺乳動物を狩っていました。

いまよりも寒い時代で、東日本は北海道並みの寒さ。彼らの狩りの道具は石を丁寧に割って作った打製石器のヤリでした。外では雪が降りつのる、小さな焚き火を囲んでの洞窟暮らしは、みんなでダンゴになって眠っても凍えるほどに寒かったことでしょう。

およそ二万年前に最寒冷期があって、そのあと温暖化してくると、東日本では草原が減ってナラやブナなどの落葉広葉樹林が広がるようになります。さらには海水面が上昇して陸と海との境に小さな入り江がたくさん生じました。温暖化と旧石器人の食欲のために、寒い土地の草原に適応していた大型哺乳動物は絶滅してしまいます。

こうした気候変化を背景に、時代区分での縄文時代は約一万二千年前に始まり、二千五百年前の弥生時代の始まりまでおよそ一万年間つづきます。

遡上してくるサケを捕らえ、干潟の貝類を採取し、丸木船に乗って海の魚を釣り、弓矢の使用を覚えて森のイノシシやシカを狩る、煮炊きのための土器を発明して栗、ドングリなど木の実の保存食に依存できるようになって、縄文人の生活は安定してきます。竪穴住居に定住するようになり、環状集落が発達しました。黒曜石やヒスイの交易路がそれぞれの集落を結ぶようになりました。

縄文時代はおおまかに草期（一万二千年―七千年前）、前期（七千年―五千五百年前）、中期（五千五百年―四千五百年前）、後期（四千五百年―三千三百年前）、晩期（三千三百年―二千五百年前）に大別されます。いちばんの発展期は中期で、東北では三内丸山文明が栄え、新潟・富山県境産のヒスイが大珠に加

日本列島各地で発掘された縄文土偶

八頭身土偶として有名な山形県舟形町出土の縄文女神。ネット検索するとレプリカの市販品を見つけられる

現代彫刻に劣らないフォルム、意表をつくデザイン。長野県茅野市中ッ原遺跡出土の未来衣装風仮面土偶

青森県亀ヶ岡遺跡出土。土偶界のスーパースターで遮光器土偶とよばれているが、目が遮光器の表現である確証はない

後代のナマハゲや辺境の民の精霊をほうふつとさせる。愛嬌があってやや不気味な顔立ちをしている

群馬県吾妻郡出土のハート顔土偶。縄文人は何を見て何を考え、ハート顔を彫像したのか知りたくなる

ハート顔した有名土偶のひとつ。世界の土偶・彫像・仮面を見比べると、プリミティブな表現の共通性に驚く

工されて、東北・北海道・関東などに運ばれました。

後期になると寒冷化と異常気象などの影響で森や海の食糧源が減少し、人口も激減します。人々はより強く呪術に依存していきました。土偶の大量制作やストーンサークルがこうした縄文人の切実な心境を表しています。

男性器を模した石棒や、女性像が大多数を占めている土偶、貝塚や、環状集落の中央に墓をもうける習慣、などが遠い昔の先祖の精神世界を復元するカギになります。石棒や土偶については後述しますが、そうやって見えてくるのは生殖の原理を軸にした呪術的な世界で、そこにヒスイ大珠を投げ入れると、縄文文化の隅々にまで神秘の波紋が広がっていきます。

5◆縄文時代の人口は現在の杉並区の半分程度

縄文人の暮らしぶりについて考えると、野山や海岸などで、毛皮の着物を着た人たちがさんざめいている姿が浮かんでくるのですが、その実、どこに行けば彼らに会えるのだろうと思えるほど人口密度が低い社会でした。

『日本二千年の人口史――経済学と歴史人類学から探る生活と行動のダイナミズム』（鬼頭宏、「二十一世紀図書館」第六巻、PHP研究所、一九八三年）には、小山修三という研究者によるデータが表になっていて、千人以下を四捨五入すると、北海道と沖縄を除いて、縄文早期（一万―六千年前）に約二万人、縄文前期（六千―五千年前）に約十一万人、縄文中期（五千―四千年前）に約二十六万人、縄文後期（四千―三千年前）に約十六万人とあります（同書一三ページ）。

しかもこれらの人口は東日本と西日本では密度がものすごく違います。「縄文時代中期をとってみると、東日本（東北・関東・北陸・中部・東海）の人口は二十五万三千人と総人口のなんと九六％をも占めていた。これに対して西日本（近畿・中国・四国・九州）では九千五百人でしかなかった。東日本の人口は、激減した後期でさえも八八％を占めているのである」（同書二四ページ）

縄文中期という時代は、現在の過疎の村が大都会といえるほど人口が少なかったようです。たとえば二十五万人前後の人口は、百万人を超える都市、仙台市や広島市の四分の一ほどで、東京都杉並区や板橋区の半分くらい。これを東日本全部にばらまいた程度にしか人間がいなかったのです。「人口が多い土地でも隣の集落とは徒歩二時間以上離れていたようだ」（石川日出志『農耕社会の成立』〔岩波新書〕、岩波書店、二〇一〇年）と書いてある資料もあります。

縄文時代中期の人口密度は関東地方で一平方キロあたり約三人くらい、近畿・中国では縄文後期にいくらか人口が増加しましたが、それでも十平方キロに一人くらい。西日本の人口が特に少ないのは、当時の照葉樹林帯に属する環境では、ドングリや栗などに食糧を依存できなかったためです。

しかも彼らは知性を磨いたり、趣味を深める余裕もないほどに短命でした。前掲『日本二千年の人口史』によると、十五歳まで生存した男女も、平均すると三十一歳ごろには死んでしまったようです。五十歳まで生存した人は少なく、六十歳以上の高齢者はごくまれな存在でした。昔話の翁《おきな》・嫗《おうな》は意外に若くて、いまなら三、四十代くらいだったのではないでしょうか。

私たちが縄文時代にタイムスリップできるとしたら気が変になってしまいそうなほど静かな世界に彼らは暮らしていて、一カ月間同じ夕食のメニューに遭遇することになったはずです。世界各地の辺境の民の暮らしぶりから推測するに、彼らはちょっとした言葉尻をとらえてはよく笑った人たちでもありました。

6◆先祖は石棒に万物を育むパワーを見ていた

いまから七、八十年ほど前の、なかば自給自足的な暮らしをしていた漁村を想像してみます。春になれば近所の野原でフキノトウやノビルが採れる。裏山には芋畑があって栗林がある。港の突堤で釣り糸を垂れれば夕食のおかず程度の魚が釣れる。村人のなかには狩猟好きがいて、冬にはイノシシを捕ってきて肉をみんなに振る舞う。縄文時代最盛期の人たちの暮らしぶりはそれに似ていたことでしょう。

三内丸山遺跡では栗が栽培されていたという説があります。焼畑農耕がおこなわれた地域があるという説もあります。水田稲作前の日本列島に焼畑農耕が伝わっていたなら、相当にエキサイティングなことです。

たとえば日本ヒスイの産地・新潟県糸魚川市に行ったついでに長者ヶ原遺跡や寺地遺跡などの縄文遺跡を訪ねると、復元してある竪穴式住居が貧相なので、縄文の先祖はサルみたいに野蛮な日々を送っていたと考えがちですが、そうではなくて、ホームステイしてもさほど不便せずにすんだはずです。

彼らの暮らしは、旱魃や大雨、台風の被害がなければ、一日三、四時間働く程度で食うに困らず生活は安楽でした。けれど越冬のための木の実の収穫が不足すると、とたんに餓死の心配をしなくてはなりませんでした。山の幸・海の幸が十分に得られること、家族が病気やケガをしないこと、子供が順調に育つことがいちばん大切でした。

だから何をするにも見えない力に守ってもらうことが大事になって、ありとあらゆることが呪術頼みでした。自然の慈愛ときまぐれな暴虐さを肌身にしみて知っていた彼らにとって、死んで向こう側へといってしまった先祖は、幼児に対する母親のように自分たちを守護してくれる存在でした。「縄文ミステリー」というとすぐさま連想されてくる石棒や、妊婦を連想させる土偶、北陸の火炎土器や八ヶ岳山麓の顔付き土器、地面に立てられた巨木、ストーンサークルなどは、すべてが呪術のためにあって、向こう側に属するパワーをこちら側に招いたり、邪悪な力から自分たちを守るために不可欠でした。

たとえば棒状に石を磨いて先端に膨らみをもたせた石棒は男性器を模したとされていますが、性器を拝んで多産を願ったなどという素朴な解釈をすると、呪術の本質を見誤ってしまいます。

石棒はインドへ行けば、いまでもシヴァ神そのものとして崇拝されています。神像などの具象物よりも、抽象的なシンボルのほうがパワーは純粋で強いという形而上学的感性にあって、屹立した男性器に内在するパワーは宇宙の本質を表象しています。ヒンドゥー教シヴァ派の教えでは、こうしたパワーは宇宙を輪廻させていく力そのものとされています。

われらが縄文の先祖は万物を育む神秘的なパワーを性的に興奮した身体感覚のうちに嗅ぎとったことでしょう。田に水を引くように向こう側のパワーをこちら側に引き寄せることを願って、石棒は崇拝されました。

それは家のなかの囲炉裏の近くに置かれ、ストーンサークルなど石組み遺構の要になりました。石棒はミニチュアの宇宙樹と解釈することもできて、同様のシンボルの系統のなかにヒスイ大珠を含むこともできます。

7◆縄文の先祖は女神殺しの儀式をおこなっていた

石棒が男性象徴であるのに対して、土偶には女性像、それも妊婦姿が多く見られます。縄文遺跡から出土する土偶の大部分は、出土状況から推察するに、破壊されて村のあちこちにばらまかれています。このことは、女神を祭る儀式で、縄文人は女神を殺して遺体をまき散らしたことを物語っています。

縄文時代中期の山梨県釈迦堂遺跡からは千体以上もの土偶が発掘されています。それらははなからバラバラにしやすいように作られていて、儀式がクライマックスに達するとシャーマンによって壊されたとされています。

縄文時代の土偶や神話・伝説をテーマにした本では、この女神殺しについてはポリネシアやミクロネシア起源のハイヌウェレ神話との関連が書かれています。

「オホゲツヒメやウケモチの神話は、ドイツの民族学者だったイェンゼンによって「ハイヌウェレ型神話」と命名された、農作物起源神話の異伝で、この型の神話は、もとは熱帯で芋や果樹を原始的なやり方で栽培する、イェンゼンのいわゆる「古栽培民」のあいだで、それらの作物の起源神話として発生したと考えられる。そして古栽培民のあいだでは一般にハイヌウェレ型神話は、農作物の起源神話であると同時に、死の起源神話でもあることが、イェンゼンによって明らかにされている」（吉田敦彦『縄文の神話』青土社、一九八七年、一八六ページ）

この神話は、いろいろな宝物を排泄物として身体から出す少女が、村人に気味悪がられて殺されてしまい、父親が彼女の遺体をバラバラにして村のあちこちに埋めると、そこからさまざまな種類のイモが発生した、という話が骨格になっています。

『古事記』ではスサノオがオオゲツヒメという食物神を殺すと遺体から稲・粟・豆・蚕などが生えたとされ、『日本書紀』ではツキヨミが女神ウケモチを殺すと、同様にして遺体から五穀などが発生したとされています。

日本列島へのハイヌウェレ型神話の伝播は、江南の地を経由したのではないかといわれています。

それにしてもなぜ、女神は殺されなければならず、穀物や蚕は女神の遺体から発生しなくてはならなかったのでしょう。ここには狩猟採集民が原始的な農耕民に転じていったことで変貌を遂げた女神たちの歴史が隠されています。

8◆洞窟の女神は殺されて地母神として再生した

縄文中期以降の儀式による土偶の破壊、女神殺しをハイヌウェレ型神話で解釈するとなると、原始的であっても農業の存在が必要になります。農耕の前段階として栗やドングリを植樹したり、食べられる野草や繊維の採れる野草を選択的に保護した前農業的段階でも、豊作を願う儀式として女神殺しがあっても不自然でなかったと思えます。

三万年ほど前以降ヨーロッパで洞窟絵画を残したクロマニヨン人は、バイソンやウマの祖先などを狩って暮らしていました。狩りの獲物は原初の女神である洞窟の女神の息子と考えられていたといいます。クロマニヨン人は獲物の肉と皮を受け取って、魂が宿る部位の骨・頭蓋骨は女神に返しました。この時代、洞窟の女神は驚くほどに多産・好色なグレートマザーでしたが、地母神・大地の女神ではありませんでした。

日本列島の旧石器人も似たような感性の人たちでした。洞窟の女神が木の実や穀物・イモを発生させる大地の女神へと変貌していくのですが、栗や粟・稗といった細かくてポロポロとした穀物を、獣たちの母親である原初の女神が生むはずがありません。それらは彼女の垢だったり、汗・涙・排泄物、もしくは吐瀉物でした。

洞窟の女神が植物性食物の女神に変じるためには、食物を妊娠して出産する産みの女神ではなく、身体から食物を出す女神にならなくてはなりませんでした。彼女は殺されて、身体をバラバラにされ、大地に埋められて大地と一つにされたわけです。そうされることで彼女は大地の女神へと変身できました。カエルやヘビは秋が深まると姿を隠し、草木が芽吹く春になると土のなかから姿を現す。同じように殺された女神は年ごとに再生したのです。

洞窟に住まい、春がくるごとに狩りの獲物を産んで人間に与えた洞窟の女神・多産の女神は、人間たちが食糧を木の実や穀物に依存するようになって、大地の女神へと変じていきました。

農業が発展して都市が起こり、君主制政治が始まると、男たちが強くなって、同じ女神が太陽を生む金星の女神になり、ついには男性神の妃におとしめられました。女神が男たちにパワーを与えるという機能は巫女が仲介することになり、ここに古代地中海やインドでおなじみの神殿娼婦が登場することになります。聖娼は男たちに利用され聖性を剝奪されて娼婦に転落していきました。

土偶を壊すことで神話を再現するという話に戻るなら、このあたりから演劇が誕生したような気がします。神話を再現して祈りを向こう側に届けるには、当然シャーマンにパワーが必要で、向こう側のパワーをこちら側に汲みだす道具の一つがヒスイ製大珠だったと考えています。

9◆意識がブッとんでしまうほどに激しく

それでもこのヒスイ製大珠を何に使っていたのか?、具体的にどう使っていたのか?という疑問は解消しません。前掲『宝石の力』では、呪術的使用法の一例を物部《もののべ》氏の『旧事本紀《くじほんぎ》』に登場するニギハヤヒのフル の呪法に求めました。

日本神話のニギハヤヒは伝説の大和王朝初代の神武天皇より先に大和にきていた天孫族の神で、彼が天下るに際して、アマテラスは十種の神宝を与えて、「もし痛むところがあれば、この十種の宝をして、ひと・ふた・み・よ・いつ・むつ・なな・や・ここのたり、と数えて、ふるえふるえゆらゆらとふるえ。そのようにすれば死者とて生き返ることだろう。これすなわちふるの呪文である」といったと伝えられています。

けれど最近では、こういう質問自体が間違っていたのではと疑っています。現代でも超弩級のダイアモンドが博物館に展示されると、それだけでニュースになります。高額さに目をくらまされる人が多いようですが、ここには美しい石に魔力を感じた古代の感性の名残があります。

縄文時代の人たちは、大珠を振って病気治療をするなど、ヒーリング的な活用法を考えもしなかったかもしれません。大珠はそれがあるだけですごかったのです。これをもったシャーマンは天与のパワーが何十倍にも増幅されることを実感できたでしょうし、触れる機会に恵まれた人たちは畏敬の念にうたれたことでしょう。

日本ヒスイのように硬くて不変・不滅なものを、特殊な技をもつ人間が、長い時間をかけて加工して、特別に意味深い形、男性器のようであり女性器のようでもある形に仕上げる。砥石の上で石を何千回となく擦るという行為によって、石本来がもつ力に加えて、さらなる呪力がヒスイに付与されたにちがいありません。キッパリと開けられた孔は聖眼となり、邪悪なものを退ける力に満ちていたことでしょう。

大珠や勾玉のような聖具・物実は遠方の地に渡ると、それを受け取った人々は、そこに異国の呪力を見たはずです。異国の呪力は、自分たちのそれより強烈で新鮮でした。

老いやすく死にやすかった縄文時代の先祖にとって日本ヒスイ大珠は、「これを何に使うのか？」という質問そのものが愚であるほどにくっきりと実在して、腰を抜かすほどにまばゆい魔力に満ちたパワーオブジェクトでした。

現代人である私たちは、あまりにソフィスティケートされたために、ドッキリとするほど激しくモノに触れたり、意識がブッとんでしまうほどに激しくリアリティーに満ちた体験から遠ざけられています。しかし、心のなかにはこうした野生の味覚への憧憬があり、石に魅せられるのはそうした思いと連動しているようです。

第3章

日本神話と勾玉のパワー効果

アマテラスは全身に勾玉を着けて霊的武装した

1◆弥生時代は水田稲作と青銅器祭祀で始まる

弥生時代になるとヒスイ製大珠はすっかり姿を消し、おもに北部九州を中心にヒスイ製勾玉の遺跡からの出土が目立つようになり、日本列島ヒスイ文明は様変わりしていきます。勾玉を作るにあたって直方体に原石をカットして、ついで丸みを削り出していく制作法もこの時代に確立されました。

同じ日本ヒスイ製品であっても、縄文時代の大珠が富山・新潟の県境地帯で作られて主として関東や東北に運ばれていったのに対して、弥生時代の勾玉は北部九州で愛玩されるようになり、甕棺墓に副葬されました。

いうまでもないことですが、弥生時代は紀元前五〇〇年あたり、アジア大陸からの水田稲作導入とともに始まりました。

水田稲作では男性も農業に従事したので、農耕呪術（農業に関連した祭祀）に男性も参加するようになります。天と地の交わりが重視されるようになり、たとえば稲妻によって稲魂が妊娠するというように、神話は生殖の原理を重視したものに変わっていきます。

縄文後期以降アジアは寒冷期に向かいます。日本列島の海岸線は後退し、土地の隆起や異常気象にともなって扇状地が増大しました。里山で栗を育て、イノシシ、シカ、ウサギなどを狩り、海岸でアサリなどの貝を採集した縄文人にとって、この変化は存亡にかかわる打撃となりました。冬に大量の積雪に見舞われるようになったばかりでなく、里山と海岸との間に沼地の多い平野が開けていったからです。逆にこの平野は稲作を得意とする大陸からの移民にとっては願ってもない新天地でした。こうして日本列島では渡来民が中心になって水田稲作をおこなう弥生時代が始まりました。

稲作の伝来というと、原始的で素朴な農業を想像しがちですが、中国大陸での稲作の開始は、長江中流域が有力視されていて、一万二千年から一万年前と推測されています。稲作が日本列島に伝わるまでに大陸でおよそ七千年の歴史を経ていたことになります。

この時代の中国に目を向けると、周（紀元前一〇五〇年ごろ—紀元前七七一年）が滅びたあとの春秋戦国時代のなかごろに相当します。秦の始皇帝による古代中国の統一は紀元前二二一年。漢は西と東を合わせて紀元前二〇六年から紀元二二〇年までつづき、そのあとは魏・呉・蜀の三国時代になって、紀元二八〇年の晋の建国へとつづいていきます。弥生・古墳時代を古代中国史と対応させると、中国で王朝が変わるなど大きな事件が起きるごとに、朝鮮半島だけではなく大陸のいろいろな場所から、多数の移民が日本列島にやってきたと想像できます。

聖徳太子以前の日本列島は未開の地のように思われていますが、続々とやってきた移民たちは、当初から農業技術にすぐれ、なおかつ組織化されていたので、ごく短期間で小型の城塞都市のような村が増えていきました。水田の領有や収穫、労働者をめぐっての闘争に血道を上げ、集落の周りに堀を巡らせたり、逆茂木を立てて防衛しました。村同士の争いは調停者・支配者の発達をうながし、各地に豪族が登場して、日本列島は北部九州、吉備、近畿、出雲、北陸、などの文化圏に分かれていきます。

弥生時代の始まりとほぼ同時に青銅器と鉄器も運ばれてきました。鉄器は武器のほかに、鋤鍬など農耕具の先端部分に用いられ、青銅器はもっぱら祭事に使われました。くっきりと線引きできるものではないのですが、北部九州では祭祀用銅剣・銅矛を、近畿では銅鐸を重視しました。そのほか両地方の弥生・古墳時代の墳墓からはたくさんの銅鏡が出土します。新興の豪族たちは朝鮮半島と大陸の沿岸地域を含む文化圏のなかで、鉄器や青銅器を交易することで富と権力を拡大させていきました。

弥生時代後期は邪馬台国の女王・卑弥呼の時代です。考古学的な研究からオオクニヌシの時代でもあったことが明らかになってきています。ほぼ同じ時代に奈良盆地では、長大な高塚式墳墓（前方後円墳）が築造されるようになり、初期ヤマト王朝が産声をあげました。

日本ヒスイ勾玉をめぐる歴史の探求は、邪馬台国に始まり、日本神話のアマテラスとスサノオの呪術合戦を経て、オオクニヌシの妻訪婚《つまどいこん》を眺め、朝鮮半島に輸出されていく大量のヒスイ勾玉に出会うことになります。

2◆弥生の日本ヒスイ勾玉は管玉とセットだった

キリスト教徒による新大陸の植民地政策がそうだったように、一神教の文化では征服地に自分たちの信仰を移植します。被征服民の文化を踏みにじって恥じることがありません。けれど森羅万象に精霊を見るシャーマニズムの文化はそうではなくて、入植すればまっさきに移住先の土地の神々を敬い、その土地に暮らす許可を得てきました。見えない世界からの祟りをおそれたためです。

そうやって縄文文化と弥生文化は混ざりあい、縄文人が愛した勾玉を弥生人が継承することになり、朝鮮半島からもたらされた管玉《くだだま》が加わって、おもに管玉を連ねて間に勾玉を組み入れたネックレスやブレスレットなどの新たな装飾品が誕生しました。

勾玉はパワーが匂う玉。玉《たま》は魂《たま》に通じて魂の宿りとなる、だから精霊や祖霊が宿った勾玉は、不幸や災難を退けたり軽減する強力な護符となる、という私たち日本列島の民に固有の勾玉への思いれは、こうして育まれていきました。

勾玉が墳墓に副葬されたのは、死者の魂が邪悪なものから守られ、活動力を高めるよう願ってのことでした。死後にも霊魂は存続すると考える文化では、子孫を守れるように死者の霊魂を賦活させることが大事で、パワーオブジェクトが最も重要な威信財として機能しました。財産を誇示するためだけの威信財は古代には存在しませんでした。

管玉だけに限っていえば、大陸には長い歴史があって、弥生時代の始まりから数えて五百年ほど前の周の遺品に含まれているし、江南の良渚文明（紀元前三二〇〇年―紀元前二〇〇〇年）や内モンゴル自治区の紅山文明（紀元前五〇〇〇年―紀元前三〇〇〇年）の遺跡からも出土します。日本列島での管玉はヒスイが使われることはなく、おもに緑色凝灰岩で制作されるようになり、のちには出雲の碧玉（グリーンジャスパー）、佐渡の赤玉（レッドジャスパー）でも盛んに制作されました。日本神話でアマテラスが着けていたとされる勾玉ネックレスやブレスレット、髪飾りはこの時代に始まった装飾品をモデルにしています。

弥生時代の勾玉については、やや専門的になりますが、「特集 縄文時代の玉文化」「季刊考古学」第八十九号（雄山閣、二〇〇四年）の「縄文勾玉――曲玉から勾玉へ」（鈴木克彦〔青森県立郷土館〕）の記事がよくまとまっています。

「縄文勾玉は、後期後半から頭部に刻みを入れるものと丸みを帯びたものを典型として、全体に複数の刻み目をもつ。後期後葉から晩期前葉の短期間にかけて盛行していて、多様性が縄文勾玉の実態である。本州と九州に類例が多いといった地理上の対極現象があり相互の比較が憚られるが、九州では縄文系勾玉のJ字形→コ字形→C字形に至る類型変遷がモデル化されている。それに対して北日本ではコ字形、C字形は存在せず、頭部に刻みを多用した「く」の字形を基本形に変遷する」（同論文二七ページ）

「北日本では晩期大洞C2式以降に激減し、対して九州では晩期末に菜畑型（C字形）が出自して弥生勾玉に継続する。九州では東日本に見られないコ字形、十字孔勾玉など多様な類型が存在する。このような北日本に多い縄文勾玉と九州に独自に展開した縄文勾玉のほかに、朝鮮半島からの影響

を受けて弥生勾玉が成立する」（同論文二七ページ）

頭部に複数の刻み目をもつ縄文勾玉は鶏などの鶏冠《とさか》に見立てて、禽獣勾玉とよぶことがあります。イルカが笑っているように見える丁字頭《ちょうじかしら》勾玉は、ここから変化してきたという意見がありますが、定かではありません。ともかくも、弥生時代初期に日本ヒスイ製品の出土は激減します。そのころ北九州の甕棺などに副葬されたヒスイ勾玉は、縄文晩期に伝世していた品を収集したものという意見があります。弥生時代になっても糸魚川地方で縄文風勾玉の制作がつづいていたのではないかと考える人もいます。

朝鮮半島から管玉が伝わったことで、勾玉の制作法も変わっていきます。管玉は、原石を小割りして形を整えるよりも、原石に溝を入れて打撃を加えることで原石を分割する施溝分割技法を用いて、最初に板状にし、ついで四角な柱状のものを作ってから円柱状に研磨していくと効率よく制作できます。勾玉も同じ技法で制作されるようになりました。

管玉は山陰や北陸の玉作り工房で盛んに制作されるようになり、弥生中期になると管玉の玉作り工房で、糸魚川地方から運んできたヒスイ原石を使用して勾玉が作られるようになっていきました。施溝分割技法で直方体に整形した原石からの勾玉作りは定型勾玉を作るのに適していました。

弥生中期になると北部九州でヒスイ勾玉の出土が目立つようになり、やがて全国に波及していきます。こうしたことを考えると、現在の富山・新潟県境地帯で採集されるヒスイ原石を、山陰や北陸の玉作り工房に運んだ民がいた、彼らはここで制作したヒスイ勾玉や管玉を九州北部に運んで青銅製品と交換した、と思えてきます。筆者は、彼らがヤチホコ（オオクニヌシ）を信奉する出雲の民だったと想像しています。

3◆『魏誌倭人伝』に記録された日本ヒスイの勾玉

列島の各地に豪族が誕生して朝鮮半島や大陸沿岸部との交易が活発化するという弥生時代後期の歴史背景のもと、卑弥呼が登場してきます。邪馬台国は近畿地方にあって、卑弥呼は日本国の元祖女王だったという見方もありますが、ここでは邪馬台国北九州説に肩入れしています。邪馬台国を北九州に置くと、弥生時代後期の北九州と出雲や日向（南九州）との関係に考古学的な整合性を見てとれるようになるからです。

卑弥呼は弥生時代末期に実在したと考えられている人物で、彼女に関する記事がある古代中国の歴史書『三国志』のうちの『魏誌』の「東夷伝・倭人の条」、略して『魏誌倭人伝』は、勾玉についての記載がある最も古い書物でもあります。

この書物には、倭人の国の邪馬台国を治めるのは卑弥呼という女王であると紹介されています。年老いた巫女王《みこおう》がいる。彼女は高殿に神祭りして神がかり、神託を降ろす。神妻なので人間の男性とは結婚しない。親しく接するのは弟一人で、神託を受けて弟が国を治める。そんなふうに語られています。

同じころ、近畿では初期ヤマト王朝が起きて、前方後円墳という超巨大な高塚式墳墓が築造されるようになりました。

『魏誌倭人伝』には古文献としては初めて、緑の濃いヒスイ勾玉と想定される「青大句玉二枚」という言葉が記されていて、勾玉が高価なものだったことを示しています。この時代には出雲の碧玉は勾玉に加工されていなかったし、緑色凝灰岩から勾玉が作られることがあったにしても安価だったろうし、推論として「青大勾玉」は日本ヒスイ製品で、長さ四、五センチあったと思われます。出雲大社の宝物殿にあるような立派な勾玉だったことでしょう。

卑弥呼の跡継ぎの女性がこれを魏の国王に贈るいきさつは、『倭人伝』を読み解く松本清張説を援用するとおおむね以下のようになります。

①九州北部に伊都国（福岡県前原町、三雲・遺溝遺跡）を中心として、邪馬台国などを含む（あるいは邪馬台国という名称の）連合国があり、いまの熊本県近辺の狗奴国と敵対していた。前記連合国では男の代表者を立てたがまとまりがつかなかった。そこで卑弥呼なる巫女王を選出した。

②朝鮮半島の帯方郡は魏の植民地で、ここからの使者が伊都国に常駐していた。現代社会の紛争地帯が国連軍の進駐を受け入れるように、一大率という名称の監督官も着任していた。中国関連の領事と軍のオブザーバーが伊都国にいたということだ。これに対してのちの熊襲となる狗奴国は長江下流域・江南の呉と交流があったという説がある。

③卑弥呼は日本人の精神構造のなかでアマテラスと同一視されやすく、日本列島の統治者だったと思いこまれやすいが、現代でいうなら卑弥呼の連合国は一つの県程度の広さだった。卑弥呼は当て字でこれらの漢字に意味はない。ヒミコはヒ（霊・祖霊）に仕える巫女で、「鬼道につかえ、よ

く衆を惑わせる」というのは、古代中国では一般的な死者を鬼といったから、祖霊をあがめ、祖先の声を霊聴として聞くシャーマニズム的祖霊信仰の主宰者だったようだ。アマテラスが永遠に若いように卑弥呼も若くて美人な巫女王だったと想像されがちだが、『倭人伝』には彼女は老いていて、歩くのもままならず、人嫌いで他者を寄せつけなかったと書いてある。
④西暦二三八年、卑弥呼は帯方郡大守の助力を得て魏に朝貢した。狗奴国との戦争に向けて、魏から九州の正統な統治者として認めてもらうのが大きな目的だった。
⑤卑弥呼が亡くなって大きな墳墓を作り、奴婢百人を殉葬した(墓に生き埋めにした)。男王が後を継いだが、国中が治まらない。みんなが勝手なことをして千人以上もが殺しあった。そこで卑弥呼の血筋の壱与(または台与)を国王に選ぶと国は平定した。壱与は十三歳の少女だった。倭国に駐在していた魏の高官が帰国するに際して、壱与は二十人の使者をつけて彼を送らせた。このとき の御調《みつぎ》(貢)の品が青大勾玉二枚と白珠(真珠)五千孔、異文雑錦(高価な絹織物)二十四、男女生口(奴隷という説と、特殊技能人という説がある)三十人だった、と『倭人伝』はつづく。

十三歳の少女ではいかに突出した霊能力があろうと国を治められない。ネパールの生き神クマリのように彼女のしぐさを読んで神示としたのでしょうか。古い時代の諏訪大社には聖別した幼児の身ぶり・しぐさを読んで神示とする信仰がありました。八幡信仰にも類似の要素があったといいます。北九州は八幡信仰の土地柄でもあるので、そんなふうだったのかもしれない、などと想像します。

4◆弥生・古墳時代と勾玉のアウトライン

弥生・古墳時代における勾玉の物語は『古事記』『日本書紀』と、考古学的出土品や遺跡の研究との二頭立て馬車を操っていくことになります。『古事記』の神話からは、①アマテラスとスサノオのウケヒ、②アマテラスの岩戸隠れと三種神器の起こりをみます。次に③ヒスイの女神ヌナカワヒメ（奴奈川姫）とオオクニヌシ（大国主命）の恋物語と考古学的歴史との接点を探ります。

神話を離れて歴史時代になってからは、学問的にはヤマト王朝最初の天皇を崇神天皇とする説が有力で、卑弥呼の活躍とほぼ同時代だったと推定されています。三世紀のなかごろ、もしくは後半、奈良盆地に全長二百七十八メートルの巨大前方後円墳・箸墓古墳が築造されたのを機に、古墳時代が始まります。

ここでは、大和王朝三度交替説にならって第十代・崇神天皇から第十四代・仲哀天皇までを初期ヤマト王朝とよび、第十五代・応神天皇から第二十五代・武烈天皇までを倭の五王の時代とよぶことにします。第二十六代・継体天皇以降を便宜上大和王朝とすると、④初期ヤマト王朝で勾玉に託された政治的な意味を探ることになります。⑤倭の五王の時代には日本ヒスイ勾玉は交易品として盛んに朝鮮半島に輸出されました。子持ち勾玉が祭祀に使われた時代でもあります。大和王朝以後の時代になると、ほどなくして仏教が伝来し、中国を模倣した中央集権国家が誕生したこともあって、勾玉の衰退・滅亡期になっていきます。

歴史時間的にはおおまかに初期ヤマト王朝が四世紀の出来事、倭の五王は五世紀に活躍し、六世紀初めに継体天皇が即位して、六世紀の終わりごろ聖徳太子（五七四―六二二）が登場する、というようになります。六七二年には天武天皇による壬申の乱が起きて、日本列島も中世的な立憲君主国家になっていきます。そうして同天皇の命令のもと、国選の歴史書『日本書紀』と、天皇家の私家版と位置付けられる『古事記』が編まれます。それから千三百年ほど未来のこと、勾玉の意味や意義を求めて、私たちは両書を参考に過去を覗き見ています。

5◆『古事記』と『日本書紀』と二つの歴史書がある不思議

勾玉にはどういう意味や価値があったのか、どのように機能していたか、など、勾玉と古代の呪術の関係は、『古事記』の神話からうかがい知ることができますが、その前に『古事記』についてふれておきたいと思います。

日本には同じ時代を扱う二つの歴史書があって、ほぼ同時代に編集されたのに神名の表記が違うなど、互いが互いを無視しあっています。古代史にはいたるところに謎があって、『古事記』もまたミステリアスな過程を経て世に知られるようになりました。

よく知られているように、『古事記』と『日本書紀』はともに天武天皇によって企画されたと伝えられています。前後の時代は、蘇我馬子に始まり、天智・天武・持統の三天皇、藤原不比等、と強烈な政治家たちがつづいた時代で、天武天皇が君主独裁的で中央集権的な法治国家を築く基礎固めをしました。皇位強奪に成功した壬申の乱は図らずも旧来の豪族を一掃して、官僚主義的な貴族社会を成立させる契機となりました。

政治体制や律令制度、官僚たちの服装規定、陰陽道主体の学問・呪術、葬送儀礼など中国様式を尊んだこの天皇は、中国と同様の歴史書がほしかったようです。歴史書の編纂には、神話時代からの歴史を一本化して天皇中心の歴史を国家公式の歴史とする目的があり、貴族・豪族たちの氏素性を明確にする役目もありました。

『日本書紀』の編纂・制作は天武十年（六八一年）に始まり、ほぼ四十年近い年月を経て七二〇年に完成します。中国の歴史書をまねた国選図書なので文体も漢文でした。対する『古事記』はそれより八年前の七一二年に完成したことになっていますが、本文は万葉がなで、編纂の経過や完成年月日は序文に記されているだけで、それを証明する傍証がありません。後発の『日本書紀』は『古事記』は存在しないとでもいいたげに無視していますし、奈良時代の国選の歴史書『続日本紀』にも『古事記』撰録の記事がありません。平安時代になるまで『古事記』を引用した他書がない、など、そのほかいろいろな問題点をあげて、『古事記』を偽書とする説がいまもあります。

しかしながら、『古事記』は『日本書紀』より古代の息吹豊かで読みやすく、江戸時代の国学の大家・本居宣長に絶賛されました。その流れを受けて、明治・大正・昭和（一八六八年―一九四五年）とつづいた国家神道のもとでは『聖書』扱いされました。

『古事記』は稗田阿礼という暗記の達人を天武天皇が見いだし、皇室氏族の系譜（『帝皇日継《すめらみことのひつぎ》』）や神話・伝説（『先代旧辞《さきつよのふるごと》』）などを暗記させることから始まったといいます。

稗田阿礼は古代の語り部の系譜にあったと一部の参考書には書かれています。文字のない文化では王族・豪族の血統や歴史を暗唱する語り部なる家臣がいました。祝祭の宴席で語り部が朗々と系譜を語ることで、王たちはアイデンティティーを確認でき、家柄を吹聴できたのです。

天武天皇死去のあと、皇室は二代つづけて男性の世継ぎが夭折するという悲劇に見舞われます。身内の女性が中継ぎ役を務め、女帝の擁立がつづきます。朝廷を制御して安泰せしめたのは、ひとえに藤原不比等の政治力でした。天皇が、天武から皇后の持統、持統の孫の文武、持統の娘で文武の母の元明に移り、都も藤原京から平城京に遷都して二年後の七一二年に『古事記』は完成しました。いろいろな説がありますが、稗田阿礼が制作途上にしておいたものが再発見され、太安万侶《おおのやすまろ》がまとめて序を付けたとする説が納得しやすいと思います。

6◆アマテラスは勾玉パワーを頼みにスサノオに立ち向かう

『古事記』の神話世界から勾玉の関連部分を追うと、まずは高天原でスサノオを迎えるアマテラスの物語に出会います。日本神話では、諸外国の太陽神話と違って、太陽神と月神は、物質界が完成してから誕生します。アマテラスは天上界にいて天を祭る巫女といったふうで、太陽である彼女の誕生によって世界が明るくなったわけではありません。月神・ツキヨミはじゃま者扱いで、アマテラスに嫌われ早々に表舞台から退けられてしまいます。イザナギとイザナミの国生みのあと、アマテラスとスサノオの対立は以下のように展開していきます。

黄泉の国に亡き妻イザナミを訪ねたイザナギは、見るなといわれたのに見てしまった妻の腐乱死体におそれをなして死者のクニから脱出する。黄泉のトンネル出口は黄泉比良坂《よもつひらさか》といって出雲にある。なのになぜか彼は日向に飛んで、橘の小門《おど》の阿波岐原《あわきはら》というところで川に入って身を清める。イザナギの禊《みそぎ》によって三貴子（アマテラス、スサノオ、ツキヨミ）が生まれる。単性生殖で母親不要のはずなのに、スサノオは母親恋しくて泣いてばかりいる。父親のイザナギが彼の追放を決意すると、スサノオは天上界の高天原に行って姉のアマテラスに会ってから地下世界である根のクニに降りるという。

スサノオが天上界に通じる山道を登ると、まるで大軍団の攻撃であるかのように大地がどよめく。アマテラスはスサノオが高天原を略奪しにきたと思いこむ。アマテラスが弟を迎える様子が『古事記』には以下のように書かれています。

「すなわち髪をといて男髪に結い、左右に丸めた角髪《みずら》にも、頂の髪にも、左右の手にも、それぞれ八尺瓊勾玉《やさかにのまがたま》の五百津之御《いおつのみ》統 珠《すまるのたま》（五百津之美須麻流珠）を巻いて、背中には矢が千本入る矢筒を背負い、脇腹にも矢が五百本入る矢筒をつけ、左の手首には射撃用武具・鞆《とも》をつけ、強弓を振りたて、足が太腿まで地面に没するほど強く大地を踏んで、雄たけびも勇ましく、スサノオに対峙した」

猛り狂うアマテラスの様相は、端座して機《はた》を織る見目麗しい姿からは想像もできません。興奮のあまりにわれを忘れてシヴァ神を踏みしだく暗黒の女神カーリーのようであり、人頭を連ねた首飾りをつけ、足を高く上げ、肉切り包丁を持って、怒りの形相もすさまじいチベットの女神ダキニに似ています。

7 ◆ 八尺瓊勾玉と五百津之御統珠

高天原の境界、天の安川を挟んで両神は睨みあい、一触即発となるほどに緊張が高まります。なりゆきは後述することにして、当面問題になるのは、「八尺瓊勾玉《やさかにのまがたま》」や、「五百津之御統珠《いおつのみすまるのたま》」の解釈です。

八尺瓊勾玉の「八尺」は具体的な大きさの八尺＝約二百四十センチ（この時代の中国の物差しでは約二百センチという）ではなく、聖数「八」を用いた大きさの表現で、立派なという意味。「八尺瓊」には弥栄《いやさか》に、つまり、ますます栄えるという意味もあります。

「瓊（あるいは丹）・ニ」はニニギノミコトの「ニ」、ヌナカワヒメの「ヌ」と同じで、宝石がきらめくさま、超自然的なパワーが輝くさまを指す古い時代の言葉。たとえば丹生（にゅう、ニが生まれる）は具体的には辰砂という鉱物を指すのですが、辰砂の朱色こそ根源的なパワーの色と考えられていた古代では、パワーが生まれる源の意味で丹生とよびました。「丹」は赤との解釈もありますが、元来はパワーの意味です。丹田というとき、赤い色の塊が臍の下のほうにあるわけではなく、「気」が凝集するパワー中枢を指します。

ちなみにヒスイは古代には「青丹《あおに》」とよばれていたらしく、『越後国風土記』には、「八坂丹《やさかに》は玉の名なり。玉の色青きをいふ。かれ、青八坂丹の玉といふ」とあります。奈良にかかる枕詞「あおによし」はヒスイのように美しいという意味です。現代科学は自然界には超自然的な要素がないこ

勾玉ネックレス（五百津之御統珠）

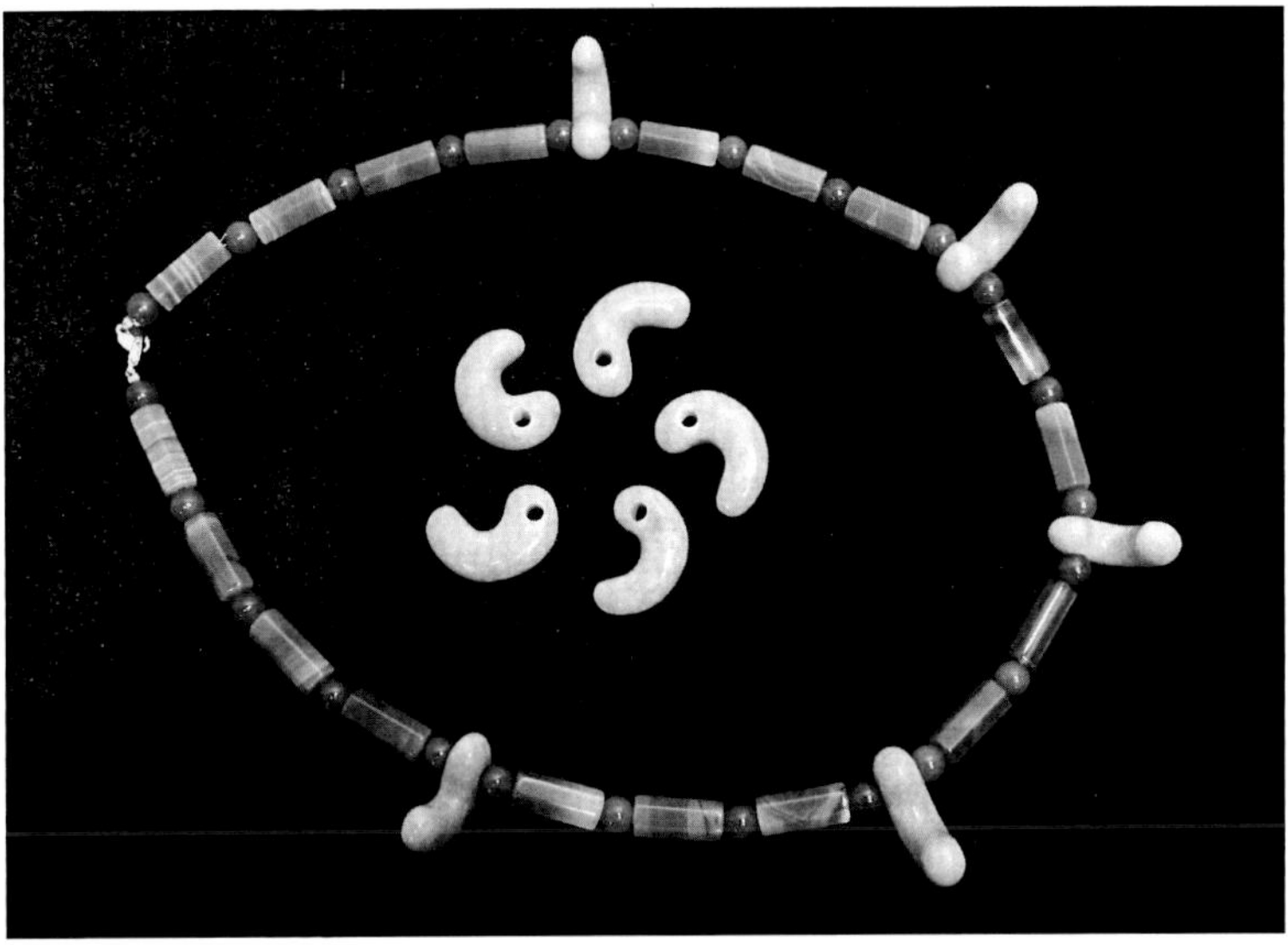

日本神話でアマテラスが着けていたネックレスは、管玉を連ねてところどころに勾玉をはさんだものと推定されている。時代的には弥生時代に相当する

とを前提に成立しています。だから歴史学者や言語学者たちはパワーという要素を認めたくない。そんなふうなので古代の精神世界に関する解釈は往々にして遠回しになったり、見当違いだったり、骨抜きになりやすいように思います。

「五百津之御統珠」は、たくさんのビーズを連ねたネックレスやブレスレットをいいます。ビーズが五百個用いられているわけではありません。「八尺瓊勾玉の五百津之御統珠」で立派な勾玉を加えてたくさんのビーズを連ねた飾り珠、という意味で、神話の時代と古代史の重なり具合から想像すると、ここでのビーズは丸玉やソロバン玉状のものではなく、管玉でした。

緑色凝灰岩などで作った数連の管玉

のところどころに日本ヒスイ製勾玉を加えたネックレス状の髪飾りや腕輪（ブレスレット）が「八尺瓊勾玉の五百津之御統珠」です。アマテラスは外敵を迎え撃つのに自身のパワーアップを必要としたのです。それには神秘的世界からの加護を得ることが肝要で、たくさんの立派な日本ヒスイ勾玉で、髪や腕を飾る必要がありました。アマテラスは最高神であっても、西欧の神話のような創造者ではないので、自身にパワーアップが必要なときは、勾玉などパワーオブジェクトを介してより大きな世界からの加護とパワーを得るのです。

アマテラスは天上界の巫女王で、卑弥呼と同じように、弥生時代から古墳時代にかけてのヒメヒコ制の巫女の役どころの投影となっています。地上の貴族社会の投影として天上界に高天原が設定され、天皇を中心に貴族たちがそれぞれの役を務めていくように、神々もまた高天原の繁栄に尽くすという構造です。以後、平安時代まで貴族たちは、天界のミニチュアとして振る舞うのが務めになります。貴族たちが着飾るほどに天界は栄え、貴族たちが好色であるほどに穀物の実りはうながされるというわけです。

神話はこのあと、スサノオとアマテラスの対決、スサノオの潔白を証明するための呪術合戦に移っていきます。ここでも勾玉は特別重要な道具となっていて、なんと、大和王朝の祖先は勾玉から生まれることになります。

8◆アマテラスとスサノオのウケヒは呪術合戦だった

私のクニを奪いにきたのか、と詰めよるアマテラスに対して、そんな気持ちは毛頭ありません、この際、誓約《うけひ》(万葉がなで「宇気比」とも書く)をして私の潔白さの証しにしたい、とスサノオは申し出ます。

ウケヒの「ヒ」は魂・霊を意味します。魂が宿った男の子がヒコ、女の子がヒメ。ヒトはヒがとどまった存在、神籬《ひもろぎ》はもとはヒムロギで、ヒの室《むろ》となる木、つまり神が宿る木、神々の依《よ》り代《しろ》となります。ヒ(神意)を受ける占いがウケヒで、「もし受験に合格するのなら、これから私が投げる靴は上を向く」というように設問します。ここでは投げられた靴が上を向くよう落下させるのに神意がはたらくことになります。

ウケヒは、自分の心を開いて神霊の意を汲む行為、つまりヒをタムケル、ひたむきの行為だから、本意を隠して口約束したり、神に誓うのよりもはるかに信頼度が高いとされていました。ウケヒは鹿の肩甲骨を焼いて吉凶を占う太占《ふとまに》と同じように、しばしばおこなわれていたらしく、『日本書紀』では、神武東征の項に以下の例があります(『古事記』にこの記事はありません)。

「九州から近畿へと進軍してきたカムヤマトイワレヒコ(神武天皇)は、先住民の抵抗にあって、なかなか内つ国を征服できない。彼は配下に盗んでこさせた香具山の土で素焼きの皿や碗、瓶《かめ》を作り、丹生の川上にのぼって天神地祇をまつってウケヒした」「『私はいま、たくさんの素焼きの皿で水なしに飴を作ろう。もし飴ができれば、きっと戦いに勝利できるだろう』。すると飴はたやすくできた。また『お神酒《みき》瓶を丹生の川に沈めて、もし魚が大小となく全部酔って流れるのなら、この土地を征服できるだろう』とウケヒして酒瓶を川に沈めた。すると魚がみな浮き上がった」

ウケヒには呪術的な背景が濃厚で、気やすく解説できません。右の例では敵の領地から土を取ってくること、その土で作る素焼きの器、飴や酒瓶すべてに象徴的な意味があって、これらの意味を解かないと、なぜこうしたテーマがウケヒに選ばれたのかが理解できないのです。

アマテラスとスサノオのウケヒは、互いの物実（パワーオブジェクト）を相手にゆだねて、そこから化生してくる子供たちの性別で正否を問うというものでした。『日本書紀』には解釈に諸説あり、『古事記』では、スサノオが女子を生めばアマテラスへの敵意はない、という設問だったことがわかる仕組みになっています。スサノオの剣を女神が口に含んだり、アマテラスの玉を男神が嚙んだりする両者のウケヒは、象徴的にも風景的にも相当に官能的で、夫婦神のまぐあいのように見えます。そうしてよく知られているように、アマテラスがスサノオから借り受けた十拳剣《とつかのつるぎ》からは三柱の女神が、アマテラスがスサノオにゆだねた五本の「八尺瓊勾玉の五百津之御統珠」からは五柱の男神が誕生します。

9◆ウケヒから生まれた五柱の男神と三柱の女神

スサノオの十拳剣から生まれた女神は航海の守護者・宗像三尊として知られることになる女神たちで、それぞれに名前を、タギリヒメ（多紀里比売命、別名・奥津島比売命）、イチキシマヒメ（市杵島比売命、別名・狭依比売命）、タギツヒメ（多岐都比売命）といいます。

彼女たちはスサノオの娘であるために天上界に居場所がなかったので、生まれてすぐ地上界に降ろされて海の女神になりました。のちにタギリヒメはオオクニヌシ（大国主命）の妃となり、イチキシマヒメは弁才天に習合していきます。弁才天はインドの神話的川の女神で、水音をたてて流れる川の様相から音楽の女神となり、川が穀物を育てることから豊穣の女神、現世利益の女神となりました。神仏習合によって水に関連した日本の女神たち、分水嶺のミクマリ、川の女神であるミズハノメ、津（港）の女神たちはみんな弁才天（弁財天）と同一と見なされていきました。

『西海道風土記』の逸文には「宗像三神が崎門《さきと》に天降りされたとき、青丹勾玉を奥津宮に置き、紫の勾玉を中津宮に置き、大きな鏡を辺津宮に置いて、これら三つの御印をもって、それぞれタギリヒメ、タギツヒメ、イチキシマヒメの神体とされた」とあるといいます。オオクニヌシに関連するタギリヒメの神体は日本ヒスイの勾玉、タギツヒメの神体の紫の勾玉はアメシスト（紫水晶）でしょう。勾玉は神々が宿る依り代になると考えられていました。

アマテラスの五個の「八尺瓊勾玉」から生まれた男神は、①アメノオシホミミ（天之忍穂耳命）、②アメノホヒ（天之菩卑能命）、③アマツヒコネ（天津日子根命）、④イクツヒコネ（活津日子根命）、⑤クマノクスビ（熊野久須毘命）の五柱。このうちのアメノオシホミミはアマテラスに地上を平定するよう指名されますが、なんのかんのと固辞して、自分の息子ニニギを降ろすことになります。ニニギ（瓊瓊杵尊）は光輝くパワーの表現「ニ」が二つ重なってまばゆいばかりの名前となっています。

アメノホヒは葦原中津国《あしはらなかつくに》、または豊葦原之瑞穂国とよばれていた地上世界の偵察を任されますが、オオクニヌシに敬服して、三年たっても帰りません。結局彼はオオクニヌシを祭る司祭者になり、子孫は出雲の国造になります。アマツヒコネは、山城や茨木などの国造の始祖とされています。

アメノオシホミミが、タカギノカミ（高木神・高御産巣日神）の娘を娶って生まれた二柱の息子の弟のほうがヒコホノニニギ（瓊瓊杵尊）で、彼の代になって舞台は地上世界に移ります。けれどその前に『古事記』ではアマテラスの岩戸隠れ、スサノオの追放と大蛇退治、などが展開されます。オオクニヌシの恋物語にいきつくのは先の話となります。

10◆アマテラスの岩戸隠れと鏡・勾玉の役割

アマテラスはスサノオとのウケヒに敗北しました。貴族社会に乱入した野盗のようなスサノオは、正義はわれの側にあるといわんばかりの傍若無人な振る舞い。アマテラスは何一つ諫めることができず、心身は衰弱していくばかり、ついには岩戸に隠れてしまいます。この岩戸は石の引き戸のある横穴式古墳をモデルにしたといわれていて、死と再生を象徴しています。

アマテラスが天の岩屋に隠れてしまうと、高天原も葦原中津国も真っ暗になった。太陽は昇らず、常夜《とこやみ》の日々がつづいた。あちこちに響く悪霊たちの怒声は夏の山野のブヨのようにうるさく、あらゆる災いがいっせいに起きました。

みんなが困り果てた。八百万の神たちは天の安の河原に集って、タカミムスヒの子オモイカネを参謀に善後策を講じた。すなわち、イシコリドメノミコトが鏡を作った。タマノオヤノミコトは八尺瓊勾玉をいくつも付けた五百津之御統珠を作った。次にアメノコヤネノミコトとフトダマノミコトをよんで、天の香久山の雄鹿の肩甲骨を抜きとり、それを樺桜《かにわざくら》（白樺か？）の枝で焼いて天の意志を占った。そうしておいて、天の香久山のたくさんの賢木《さかき》（榊）を根こそぎ抜いて、上の枝に八尺瓊勾玉の五百津之御統珠を取りつけ、なかほどの枝には八咫《やた》鏡を飾り、下の枝には楮《こうぞ》で作った白い布と、麻から作った青みがある布を付けたお飾り「太御幣《ふとみてぐら》」を作った。

フトダマノミコトは天の岩屋戸の正面に立って、この太御幣を捧げ持った。アメノコヤネノミコトが祝詞《のりと》をとなえてアマテラスを褒めそやし、アメノタジカラオノミコトが石戸のそばに隠れて立った。それから、夜明けを告げる常世の長鳴き鳥を集めて鳴かせた。

アメノウズメノミコトは日陰蔓《ひかげのかずら》の蔓をたすきにかけ、定家葛《まさきのかずら》で髪を縛って、笹の葉を束ねて手に持ち、岩戸の前で伏せた桶に乗り、足踏み鳴らして踊った。踊るほどに無我夢中になって衣服は乱れ、乳房を露出させ、腰布の紐を押し下げて性器をあらわにした。ここに八百万の神どもいっせいに笑って高天原がどよめいた。

これは書くのに長い話です。岩屋に隠れたアマテラスは太陽神のように描かれ、日食の描写だなどという人もいますが、呪術的解釈では、天を祭る者がいなくなったので世界の規律が維持されなくなったことの表現です。アマテラスは仏教が伝来し、大日如来と習合したことから太陽神になったようです。

ともかくもこうしてアマテラスは岩屋から出て高天原と葦原中津国に昼が戻りました。そしてスサノオはといえば、「ここに八百万の神共にはかりて、スサノオに千位《ちくら》の置戸《おきど》をおわせ、またひげと手足の爪とを切り祓いせしめて、神やらいやらいき」（千位の置戸はたくさんの台の上に載せた品物、罪をあがなうための代価）と、高天原から追放されてしまいます。

ここに三種神器につながる大きくて立派な八尺瓊勾玉が登場します。この勾玉は、スサノオを迎え撃つべく戦闘準備を整えたアマテラスが身に着けた勾玉とは意味が異なります。霊的に自分をパワーアップするための呪具・守護石ではありません。祖霊の依り代であるために、祖先霊を祭る権利・祭祀権の象徴となる神具としての勾玉で、天を祭る「鏡」と地を祭る「玉」を得て再生したアマテラスは、地上世界の征服に意欲を燃やすことになります。

11◆祭祀用勾玉はフトミテグラ(太御幣)につけられた

大きな榊を根こそぎにして勾玉付きネックレスや鏡、僻邪《へきじゃ》の意味が強い麻などの布を飾りつけた「フトミテグラ（太御幣）」は、クリスマスツリーのようであるし、七夕の笹飾りのようでもあります。こうした飾りは世界樹とか宇宙樹などの樹木信仰と霊界・天界が共存する文化ならどこにでもあります。

『古事記』は自分を奈良時代に置いて大昔の伝説を眺めるつもりで読むと、奈良時代以前の風習や信仰がほの見えてきます。この大昔の時代に神社はありませんでした。神社の出現は仏教が伝来して寺院が建てられるようになってからで、それまで神祭りは祭儀ごとに聖域の土地を浄めておこなわれました。

斎庭《さにわ》では神職がフトミテグラ（太御幣）を捧げもち、祝詞をとなえるのに合わせてゆすったと想像されています。

祝詞の言霊が振動する音となって神々の住む他界へと送信されたように、フトミテグラの供物も振動に変換されて他界に送られました。神社ができて神々は持ち家に定住するようになりましたが、それ以前の時代では神々は招かれることで他界から降臨しました。巫女に憑霊して託宣し、審神者《さにわ》が神託を解読しました。

古墳時代には滑石や蠟石などの柔らかい石で作った鏡・剣・勾玉などの石製模造品や、同じく滑石などで作った子持ち勾玉が祭祀遺跡から出土します。これらの石製模造品はフトミテグラの飾りとして用いられたようです。

『古事記』や『日本書紀』には子持ち勾玉についての記載はないし、フトミテグラの構造についても描写は雑で他人行儀です。『記』『紀』が制作された奈良時代初期には、すでに勾玉の効力は忘れられていました。彼らは勾玉の威力について覚えていません。当時の役人たちの多くは漢字の読み書きができる新規の渡来人の子弟たちで、列島の古代について無知な人たちが多かったためです。

しかし先祖返りした私たちの目には、これらの記事から、勾玉がパワーアップのための物実（パワーオブジェクト）であるというのとは別の、神器としての姿が見えてくるし、三種神器の意味もわかってきます。

12 フトミテグラは天皇にも捧げられた

『日本書紀』を読むとフトミテグラと同じ装置を、地方の豪族が恭順する証しとして天皇に捧げる記事に出会います。

『古事記』『日本書紀』に見る古い時代の天皇の年代記は、雄略天皇あたりまでは、王朝の開闢にあたって、最初に土地の神の祟りを解く。祖先神を丁寧に祭って国が栄える。ついで東や西の蛮族を従える。そうして朝鮮半島に出兵して極東のミニ中華（中央が華で四方は野蛮という思想）になる、というような構図になっています。

伝説の英雄・日本武尊《やまとたける》（倭建命）前後の時代は、南に熊襲を、北に蝦夷を征伐して、大和朝廷の支配権の拡大をはかった時代でした。

「日本武尊の父・景行天皇が熊襲征伐に出かけた折、周芳《すわ》（山口県佐波）の南方で首長国を治めていた神夏磯媛《かみなつそひめ》という女性首長が、天皇の来訪を聞いて、磯津山《しつのやま》の賢木《さかき》を抜きとり、上の枝に八握剣をかけ、中枝に八咫鏡をかけ、下枝に八尺瓊をかけ、白旗を船の舳先に立てて、天皇の使者を出迎えた。すぐにも帰順しますから、兵を送らないでください、と申し出た」と『日本書紀』に出ています。

同じく『日本書紀』の仲哀天皇の項には、彼は日本武尊の第二子で、神功皇后の夫、応神天皇の父ですが、景行天皇同様に熊襲征伐に出かけたおり、土地の豪族から「太御幣《ふとみてぐら》」を贈られた記事があります。

「（仲哀天皇の九州侵攻に際して）筑紫の岡県主《おかのあがたぬし》の先祖の熊鰐《わに》が、大きな賢木を根こぎにして、上枝に白銅鏡《ますみのかがみ》をかけ、中枝には十握剣《とつかのつるぎ》をかけ、下枝に八尺瓊をかけて、周芳の沙麼《さば》（山口県佐波）にお迎えした。（略）また筑紫の伊都県主の先祖、五十迹手《いとて》が天皇がおいでになるのを聞いて、大きな賢木を根こぎにして、船の舳艫《ともへ》に立て、上枝には八尺瓊をかけ、中枝には白銅鏡をかけ、下枝には十握剣をかけ、穴門の引島《ひこしま》（彦島）にお迎えした」

ここには岩屋に隠れたアマテラスに捧げたのと同じフトミテグラが登場します。十握剣が加わったのは、皇位継承の品である三種神器に剣が加わった時代の影響で、アマテラスが岩屋に隠れたとき、神話伝説上では神宝の草薙剣《くさなぎのつるぎ》を所持していなかったことによります。現代の神職が祝詞を唱えながら神前で振るうミテグラ（ごへい、ぬさ）は、これら古代の祈願法を継承してのことのように見受けられます。

余談ですが、仲哀天皇の皇后の神功皇后は巫女的能力が高い女性として描かれています。神がかりして、家臣の武内宿禰が判読するということがありました。当時の軍事行動は女の霊力があてにされたこともあって、多くのケースで皇后や皇女が同伴しました。仲哀天皇の熊襲征伐には神功皇后も一緒でした。

陣営でのある夜のこと、神降ろしの儀式がおこなわれ、仲哀天皇の琴の音にいざなわれて神功皇后が神がかりした。「熊襲を討つより新羅を攻めよ。そうすれば金銀財宝思いのままぞ」と託宣があった。仲哀天皇は耳を貸さなかった。海の向こうを見たって海原があるばかり、この神はインチキだと彼はいって琴を弾くのをやめてしまった。神は怒り、「もとよりお前は天皇の器ではない、さっさと死んでしまえ」と告げた。武内宿禰は驚きおびえて、天皇に琴の演奏をつづけるよう勧めた。天皇はいやいや琴を弾き始めるがすぐに音が途絶えた。宿禰が灯明を持って天皇の様子をうかがうと、天皇はすでに息絶えていた。

神の怒り・呪い・祟りは天皇にも及ぶというこの話は『古事記』にあります。『日本書紀』では同じ逸話は、もう一日だけ天皇の生命が長らえたことになっています。

13◆豪族たちは勾玉を差しだして降伏した

アメノウズメの舞踏に沸く神々の狂喜をアマテラスは不審に思います。自分が不在の高天原は悪霊たちが暴れてみんなが困っているはず、なのになぜかくも楽しげなのか。岩戸の内側からアメノウズメに聞くと、ウズメはアマテラス様より偉大な神様をお出迎えして、みんなが喜んでいるのです、と答えます。不安にかられたアマテラスが岩戸をわずかに開くと、鏡が彼女の姿を捉える。すかさず、アメノタジカラオがアマテラスの手を取って外に迎える。フトダマノミコトがアマテラスの背後に注連縄《しめなわ》を張って、彼女の後退を阻む。こうしてアマテラスは復活し、高天原に平安な日々が戻りました。しかし、この解釈では、鏡にだけ主眼が置かれて、八尺瓊勾玉《やさかにのまがたま》は忘れられています。

前述したように、景行天皇や仲哀天皇の熊襲征伐の記事を見るなら、「フトミテグラ（太御幣）」は、捧げる相手への恭順の意を示す様式化された証しだったことがわかります。

国津神を祖霊と仰ぐ地方の豪族にとっては、家宝と推測される勾玉を差し出すことは祭祀権の譲渡を意味しました。自分たち独自の祭りごとをやめて朝廷の宗教に従うことの表明でした。鏡は天神への従属、政治的な降伏を意味しました。熊襲の頭領たちが差し出した剣は軍事的な全面降伏を象徴したのです。

「地にあるがごとくに天があった」時代に、天皇に対してある豪族が降伏するということは、神々の世界でも豪族の守護神・祖霊が、天皇家の祖先で守護神であるアマテラスに従属するということでした。地にあって天皇にフトミテグラを捧げる行為と、天にあって神々がアマテラスにフトミテグラを捧げる行為は、同一事象で天地が共鳴しあう儀礼でした。これが三種神器の考え方に継承されていきます。

14◆三種神器の実物を見た者はいない

三種神器に先行する三種の宝は当時の宗教的必需品で、各地の豪族のそれぞれがもっていたようです。前記のように日本神話では八百万の神々たちによって、天の岩戸に隠れたアマテラスに捧げられました。天孫降臨に際して彼女はこれを直系の子孫の証しとなるよう孫のホノニニギに与えます。それによって皇位継承の品になったのですが、三種神器は形式上は神話伝説と同様、天皇の皇位継承にあたって、重臣たちが服従を誓い、その証しとして天皇に捧げるものでした。

王位継承の品は古代中国では国璽《こくじ》とか玉璽《ぎょくじ》といい、印章が用いられました。王たちは腹心や身内を地方に封建するとき、身分証として印章を与えました。同じように「天」が認めた王位の証しが国璽でした。

「天」が皇帝の血筋・家系を選んだ古代中国と違って、大和王朝では天皇は天の最高神直系の子孫だったので、神器の意味や内容は国璽と似ていますが同じではありません。三種神器は「天」が選んだ証明というよりも、天皇の権力の象徴として機能しました。

勾玉は民を統治する権利を、鏡は天を祭る権利を、剣は軍事権をそれぞれ象徴し、この三つを家臣から委託されることで天皇は政治・宗教・軍事の統率者となりました。ここには専制君主が登場する前の、各地の王が集って大王を選挙した時代の名残が見られます。

具体的に三種神器は何であるかを眺めるのはすこぶる興味深いのですが、現実問題として、いま、それがどうなっているのか、現存する人間の誰一人として本当のところを知らないというのが、最もミステリアスです。

三種神器の一つ「八咫鏡」は伊勢神宮にあってアマテラスのご神体とされています。「草薙剣」は名古屋市の熱田神宮にあるとされています。「神璽の玉・八尺瓊勾玉」だけが天皇のそば近く皇居にあるといいます。皇室の金庫などにしまわれていて、天皇はときおりそれを鑑賞しているのかと思ったらとんでもない。天皇さえもが触れることを許されないほど厳重にしまわれ、何人も収納箱の埃を払うことさえ認められず、すでに何百年もの間、そこに何がしまわれているのか知る者がいないそうです。

15◆アマテラスの誕生にも大きな謎がある

八咫《やた》の鏡の「咫《し》」は古代中国、周の時代の長さの単位で約十八センチ。ここでも八咫は実際の寸法ではなく、八尺瓊勾玉・十握剣《とつかのつるぎ》と同じで、立派なとか、大きいという修辞。『神々の乱心』（上・

下、文藝春秋、一九九七年）という小説のなかで松本清張は、これを内行花文鏡という漢代の鏡ではないかと推測しています。

勾玉についての記事を求めて日本の古代史の森に分け入ると、鏡を御神体とするアマテラスそのものが謎に包まれているのに出会って困惑します。歴史的にはアマテラス信仰が広まったのは第二十六代・継体天皇（六世紀前半）あたりからで、伊勢神宮に皇祖として祭られるようになったのは第四十代・天武天皇（七世紀後半、六八六年没）の時代になってからといいます。男性神だったのが女性神に変わったのは、『記』『紀』が編まれた時代に、まさに国の母のようだった第四十一代・持統天皇が女性天皇だったからだとする意見があります。

こうした歴史とは別に伝説では、伊勢神宮でのアマテラス祭祀は第十一代・垂仁天皇からとされています。垂仁天皇より一つ前の天皇・第十代・崇神天皇の時代は苦難に満ちていました。『日本書紀』には、崇神天皇が治める世は疫病が多く、民の半分が死亡するほどだった、農民たちはこぞって農業を放棄した、と書かれています。天皇は天照大神と倭大国魂神《ヤマトノオオクニタマシン》の二神を宮殿内に祭っていましたが、両神を同じ場所に祭るのは恐れ多いこと、ここに天災の原因があると考えて、天照大神を豊鍬入姫《トヨスキイリヒメ》に託して大和の笠縫邑《かさぬいむら》に祭りました。倭大国魂神は渟名城入姫《ヌナキイリヒメ》に預けて祭りました。それでも世の中は鎮まりません。それどころか渟名城入姫には神祭りは大役すぎたとみえて、髪が落ちやせ細ってしまう始末でした。

神託を乞うと、前記二柱の神とは別の大物主神という神が降りて、国が治まらないのはわが意によるものだ、自分の祖先の大田田根子《オオタタネコ》という者をさがして、自分を祭らせるなら災難は去るだろう、と告げました。そのとおりにすることで国に平安が戻ったといいます。

崇神天皇にまつわるこのエピソードは、彼は飛鳥に王朝を立てたが、征服地の土地神を手厚くお祭りしなかったので祟りを受けた、と解釈することもできます。崇神天皇の第三皇子が垂仁天皇で、この天皇の治世に大和の笠縫邑に祭られていた天照大神は、倭姫《ヤマトヒメ》に託され、御神体の八咫鏡と一緒に新天地を求めて旅立ち、近江、美濃を巡って伊勢に祭られることになりました。伊勢の斎王の制度はここに始まります。

16◆草薙剣はエクスカリバーをしのぐほどすごい

三種神器の剣についても見ておくことにします。草薙剣《くさなぎのつるぎ》と名付けられたこの剣にまつわる物語は、アーサー王伝説のエクスカリバーをしのぐほどにドラマチックです。

高天原を追放されたスサノオは、葦原中津国の出雲の国、肥河の上流の鳥髪というところに降りて、八岐大蛇《やまたのおろち》を退治します。大蛇の尾から立派な剣が出て、スサノオはこれをアマテラスに献上します。剣のパワーはすさまじく霊気が雲となってゆらぎたつほどだったので、天叢雲剣《あまのむらくものつるぎ》と名付けられました。アマテラスは天孫降臨に際して三種宝《みくさのたから》の一つとして、これをホノニニギに与えます。

次にこの剣はヤマトタケルにちなむ物語に登場します。ヤマトタケルは初期ヤマト王朝の英雄で、歴史的には実在しなかったといわれています。『古事記』では倭建命、『日本書紀』では日本武尊と表記されます。

第十二代・景行天皇の皇子で、『古事記』では、父はわが子の超人ぶりをおそれていたと語られていて、彼は熊襲を征服して九州から帰朝するや、休む暇もなく、東北の蝦夷退治を命じられます。その道すがら伊勢神宮で斎宮を務めていた叔母の倭姫を訪ねます。武運長久を願って叔母から与えられたのがこの剣で、ヤマトタケルが敵のだまし討ちにあい、野火に焼き殺されようとしたおりにこの剣で草をなぎはらい、向かい火を起こして難を逃れた故事をもって「草薙剣」とよばれるようになりました。

ヤマトタケルは蝦夷征服の帰路、伊吹山の神を侮って祟られ、重病を患って他界します。尾張の地に残された草薙剣は熱田神宮に祭られることになったといいます。

草薙剣は時代劇の日本刀より古い時代の諸刃の大刀で、柄頭《つかがしら》が球形をなした頭椎大刀《かぶつちのたち》のようです。江戸時代に熱田神宮の大宮司がひそかにご神剣を開き見たという記録があって、「白銅製の狭鋒銅剣で、鎬《しのぎ》のところが丸くふくらみ、魚の背骨のように節だった、あまり類例のない特異な形状をしている」(村上重良『天皇の祭祀』〔岩波新書〕、岩波書店、一九七七年)といいます。

あれこれいわれているだけで、実物を誰も確認したことがない、見たことも聞いたこともないものが、この世界に確実に「存在」しているというのはとても不思議です。

17◆八尺瓊勾玉は歴代天皇も触れたことがない

鏡は三重県伊勢に、剣は愛知県名古屋市にと、飛鳥から遠く離れた土地に祭られたのは、天武天皇の東国政策のせいだったといわれています。

『日本書紀』では壬申の乱は、天武天皇保身のためのやむをえない反乱だったように語られていますが、見方を変えれば、中央政府に対する東国の豪族たちのクーデターでした。天武天皇は彼らを重視する証しとして、大和にある朝廷から見て、東国の入り口にあたる伊勢に、三種神器の一つである鏡をご神体として皇祖アマテラスを祭り、当時の東国の中心・尾張の熱田神宮の神体の剣を伝説の「天叢雲剣」と同一視したというのが、三種神器がばらばらに保管されている理由となっています。

それでも八尺瓊勾玉だけは神璽として、天皇のそば近くに置いておかなければならなかったのには、それ相応の理由があったことでしょう。

南北朝時代、後醍醐天皇はご神宝の勾玉と剣をもって吉野に移ります。彼がわれこそは正統の天皇であると主張できたのも、八尺瓊勾玉があったからです。

「美しい玉には力強い魂が宿る」という古代の感性から考えて、八尺瓊勾玉には天皇家の祖霊が宿っていて、この天皇霊ともいえるものを生身の天皇が身に着ける、憑霊させることで、天・人・地の三界を治める超人間的な存在へとメタモルフォーゼできたとする意見があります。

天皇という存在は並の人間がなれるものではない、天皇霊と合体することではじめて超人的なパワーを宿した天皇になれる、そういうふうに考えられてきて、天皇霊のバッテリーのようなものとして、八尺瓊勾玉を天皇は身辺から離すわけにはいかなかったといわれています。

『天皇の祭祀』によれば、八尺瓊勾玉は平安時代以降、実物を手にしたり、眺めた者は一人としていないといいます。古墳時代の出土品から想像するなら、八尺瓊勾玉は大きくても四、五センチほど、出雲大社の神宝に相当するほどに緑が濃い日本ヒスイの勾玉のようです。

第4章

大国主と奴奈川姫の恋物語

オオクニヌシは勾玉貿易によって財をなした

1◆日本神話における天上界から地上界への移行

『古事記』『日本書紀』が伝える神々の物語は、アマテラスの岩戸隠れにつづいて、スサノオを高天原から追放することで、舞台は地上の出雲に移ります。肥河《ひのかわ》の川上の鳥髪《とりかみ》という土地に降りたスサノオは八俣の大蛇を退治し、子孫をもうけたあとに、地下世界である根堅洲国《ねのかたすのくに》に赴きます。八俣の大蛇は字義どおりなら首の又が八つ、ならば頭は九つだったところに中国神話の影響を見受けられます。

ここに地上世界・葦原中津国の支配者へと成長していくオオクニヌシが登場してきます。オオクニヌシ（大国主命）には、オオナムヂノカミ（大穴牟遅神）、アシハラシコヲ（葦原色許男神）、ヤチホコ（八千矛神）、ウツシクニタマ（宇都志国玉神）などの別名があり、国津神の代表者となってからオオクニヌシとよばれるようになりました。中津国の支配者にふさわしい名前です。

ちなみに彼の故郷で編まれた『出雲風土記』にはオオクニヌシに該当する神はオオナモチ（大穴持命）とよばれ、オオクニヌシの呼称はありません。オオクニヌシは『記』『紀』神話を記すにあたって中央で創作された名前です。

『記』『紀』の編纂者たちが、古代中国の理想的な王朝交代劇を模して、アマテラスの子孫である天孫族は中津国を侵略・打倒・征服して大和王朝を建国したのではない、先住民の王家から「禅譲」を受けて新たな支配者となったのだ、という筋立てにしたと思われます。

のちに見ていくことになりますが、古代の大王たちは、西欧の例からするなら征服王朝を建てたとしか思えないようなケースでも、建前上は前王家に婿入りすることで王朝を継いでいきます。「禅譲」と「婿入り」が王朝継続のキーワードでした。

ともかくもそうして、理想的王朝交代劇を演出・記述するために、『記』『紀』の編纂者たちは、オオクニヌシというダースベーダー風の立役者を必要としました。

青年時代のオオナモチは、因幡の白兎を助けたり、多数の兄弟神・八十神《やそがみ》に殺されかけたりして、ついには根の国にスサノオを訪ねます。スサノオの娘のスセリビメと相思相愛となったオオナモチは、スサノオが与えた試練のことごとくを退け、スセリビメとともに、スサノオの宝を奪って地上世界・中津国に戻ります。娘婿となったオオナモチにスサノオは告げます。これからは大国主神と名乗り、また宇都志国玉神《うつしくにたま》となって、出雲に巨大な宮殿を建て、わが娘のスセリビメを正妻として天下を治めよ、と。

このあと『古事記』では、オオクニヌシの多数の神妃による子孫の繁栄、一寸法師ほどに小さな

大国主命とヒスイをめぐるラブロマンス

出雲大社収蔵の古代型ヒスイ製勾玉。江戸時代初期に出雲大社近くの巨岩の下から発掘されたという。背景には徳川幕府支援の出雲大社改修工事があった

球体をした大物主神の御魂を迎える大国主命。三輪山に鎮座する大物主神と大国主命との合体神話に由来する彫像

出雲大社拝殿の大注連縄は陰陽合体を雌雄の蛇であらわしている

糸魚川駅前海望公園にある奴奈川姫の銅像。奴奈川姫と建御名方神（タケミナカタ）を母子とする神話は『記』『紀』にはない

天津神社拝殿の金色の御幣。こんなに金ぴかであるなら神様も降りてきやすいだろう

奴奈川姫を祭る天津神社（糸魚川市）。拝殿の奥に天津彦（ニニギノミコト）と奴奈川姫が別々に鎮座している

スクナヒコナと共同しての建国、スクナヒコナが去ってのちは三輪山の神オオモノヌシの助力による国作りの完成へと、物語は移っていきます。

高天原から中津国の繁栄ぶりを眺めていたアマテラスは権力者の常で、この豊かな土地をほしくなり、オオクニヌシに国譲りを迫り、自身の孫を降臨させて大和王朝を建国していく。と、このようなところが日本神話の粗筋です。

アマテラスを代表とする天上界の神々を「天津神《あまつかみ》・天神《てんじん》」とよぶのに対して、オオクニヌシを代表とする地上界・中津国の神々を「国津神《くにつかみ》・地祇《ちぎ》」といいます。両者を合わせて天神地祇《てんじんちぎ》で、列島の神々は数えきれないほどに多いので、その数は八百万《やおよろず》と表現します。神々が八百万もいるのだから、日本人はみんな祖先が列島の神々か、歴史時代になって朝鮮半島や江南あたりから移民してきた向こうの神々の子孫ということになります。

2◆オオクニヌシと大黒さまは同じ神様

オオクニヌシは大黒さまとよんだほうが親しみやすいでしょう。大きな袋をかついで、金銀財宝をザクザクと生む打ち出の小槌を持ち、米俵の上に立って、たいがいは鯛を抱いた恵比須さまと一緒に祭られる、あの大黒さまです。米俵にはあらゆる願いをかなえる如意宝珠が描かれています。

オオクニヌシと大黒天との同一視は、平安時代初期に始まった神仏習合の影響によります。仏教の影響力が大きくなって、日本の神々は、仏教の仏たちが日本という風土に合わせた姿で現れたとする考えが普及しました。これが神仏習合で、その時代列島各地の神々は、自分の神社の巫女に神がかりして、自分にも仏教徒としての名前がほしいと告げたりしました。こうして現在に残るような○○明神、△△権現という仏教名をもつ土着神や山岳神が出現することになったのです。

大黒天はもとはインドのシヴァ神の変化身《へんげしん》の一つでインド名をマハカーラ（大きな黒）といいます。マハカーラは大乗仏教に取りこまれて護法神の一柱となりました。彼は古代中国でシヴァ神の息子で象頭人身のガネーシャと同一視されたらしく、寺院の厨房に祭られる食物神になりました。本来の大黒天は怒れる死神でとても厨房に祭られるような神ではありません。やがて列島に伝来して、食物神であることと大黒と大国の音が同じであることから、オオクニヌシは大黒天と同体と見なされるようになりました。

オオクニヌシは各地に妻をもつ艶福の神。これにあやかって大黒さまは縁結びの神様となり、道祖神に見られるような性器信仰の影響のもと、後ろ姿を男性器に見立てた立像も作られるようになりました。

大黒天と一緒に祭られる恵比須神にも習合の歴史があります。エビスは元来はクジラやイルカ漁に関連した海の豊穣神であり、海の彼方から幸運・財宝を運んでくる神でした。この神とイザナギ・イザナミの最初の子供ヒルコが同一視されました。日本神話ではヒルコは未熟児の扱いを受けていますが、古代の感性では、パワー的な世界に属するものが十分に物質化していない未分化な状態を表しています。彼は形を整え、富を伴って戻ってくるよう期待されました。

エビスとヒルコが合体したところに、オオクニヌシの長男コトシロヌシが習合しました。彼は釣りに出かけた先で、高天原からの使者による国譲りの要請を受け、承諾してそのまま海中に隠れてしまいます。もとはといえば大和地方の神で出雲とは縁がないのですが、『記』『紀』の編纂者たちが大和王朝建国以前の地上世界をオオクニヌシ一族の支配地として描きたがったために、出雲系の神にされたといわれています。こうして大黒恵比須は親子神として一緒に祭られるようになり、さらには七福神の代表として、惜しげもなく富を授ける神になりました。

3◆オオクニヌシとヌナカワヒメの求婚譚

勾玉に関連したオオクニヌシ神話の白眉は、日本ヒスイの原産地である越《こし》、いまの北陸地方のヌナカワヒメ（奴奈川姫）への妻訪《つまど》いで、美しさと悩ましさ、呪術的色彩の濃さでこれに勝る恋物語は日本神話に見当たりません。

またこの神話をもって日本ヒスイの研究者の多くは、卑弥呼とほぼ同じ時代の出雲の勢力はヒスイ原石を掌中に収めたくて新潟富山県一帯を支配下に組み入れたと考えています。

ヌナカワヒメのヌナカワは「ニの川」の音韻が変化したものとされています。ここでのニはニニギのニ、八尺瓊勾玉のニと同じ「光り輝く宝石」を意味します。沼河、布川、奴奈川は後世の当て字で、ヌナカワヒメは宝石が採れる川がある土地の姫、もしくは川の女神になります。こうした伝説があって現在の糸魚川市を流れる川は姫川とよばれています。

ヤチホコはオオクニヌシの別名とされていますが、弥生時代後期に活躍した出雲西部の覇者または英雄神で、すぐあとでふれる荒神谷遺跡の支配者だったようです。

卑弥呼の邪馬台国があったのとほぼ同じ時代、出雲は東西二つの勢力に分かれていて西部のほうが栄えていました。古墳時代に入ってから東部の勢力に併合され、ヤチホコも東部の英雄神オオモチと同一視されていきますが、ヌナカワヒメに妻訪いした当時のヤチホコは、越のヒスイを北九州に運んで、青銅・鉄との交易で多大な利益を上げていたと想像できます。ヤチホコの交易圏ないし勢力圏は出雲から近畿に至る銅鐸の分布地域に重なっています。

ヤチホコの末裔たちは東部勢力に敗れ、出雲が統合されたあとで、大和朝廷の援助で出雲大社が建立され、出雲国造が恭順の証しとして神賀詞奏上を始めたと推測すると、出雲の歴史に整合性が生じます。


「ヤチホコノミコト（八千矛命）は越《こし》（高志国）のヌナカワヒメ（奴奈川姫・沼河比売）に求婚しようと遠征されて、姫の家の前で次のようにお謡いになられました」

と物語は始まります。『古事記』のなかでは最も艶のある物語で、越を征服したオオクニヌシの遠征譚といわれています。語り手はアマノハセヅカイという語り部です。宴会などで節回しも豊かに朗々と歌い上げたことでしょう。

「『私は大八島の国々に妻にふさわしい女を探してきた。はるかな遠方、越の国には賢い女がいる、美しい女がいると聞いて、矢も盾もたまらず、駆けつけ、訪ねてきた。船が港に着くやすぐさま、太刀の緒も解かず、かぶりものも脱がないで、こうして麗しい人が眠る家の板戸の前に立ち、なかに入れてほしいと、夜通し乞い願っている。ああ、口惜しいことに緑の山にはヌエ（トラツグミ）が鳴き、野には雉が鳴いている。庭の鶏《とり》がけたたましく鳴いて夜明けを告げている。いまいましくも鳴く鳥どもだ。いっそのこと鳥たちを殺して、夜がつづけと願おうか」

わたくし語り部のアマノハセヅカイ（天駈使）は、ことの起こりをこのように聞いています。さて、ヌナカワヒメはそれでもヤチホコノミコトに会おうとはなされず、板戸の内側からお応えになられました。

「ヤチホコノミコトよ、私はか弱い女ですから、心は入り江の鳥のように強い男を求めています。いまは自分勝手な鳥のようでも、のちにはあなたに従う鳥になりましょう。どうか鳥たちを殺さないでください。青山に日が隠れればぬばたまの夜がまたきます。今宵にはきっとあなたをお迎えしましょう。そうしたら私の白い腕や、柔らかく張り詰めた乳房を可愛がり愛撫して、思いのままにお過ごしください。そして私の玉のような手を枕にお休みになられますものを。どうか、そのようにことを急がないでください」

わたくし語り部のアマノハセヅカイは、語りごとをこのように聞いています。そして二人はその夜は顔を会わせず、翌日の夜をともに過ごされたそうです」

ここでは、日本が家父長制へと移行する前の、女にも男を選ぶ力があった時代の、よばいの応答をみることができます。よばいは夜這いではなく、互いの名前をよばわりあったから、よばいというようになったといいます。その時代、名前には霊的な力があり、相手に本名を明かすのは呪術的に受容しあう証しとされていました。

4◆糸魚川地方のヌナカワヒメ伝説

『古事記』ではそのあと二柱の神は末永く寄り添ったのか、短期間の恋愛沙汰で終わったのか、いっさい語られていません。

ヌナカワヒメは地方限定の女神として祭られ、日本中からの注目を集めはしませんでした。ヌナカワヒメをヒスイの女神とする伝説も現地には残っていません。奈良時代以降ヒスイ文明そのものが忘れられ、原産地にあってもヒスイを知る人が途絶えてしまったのだから当然のことです。平安時代以降の文化の影響のようですが、糸魚川地方に残るヌナカワヒメ神話の多くは『古事記』の母系的で自己主張がある女性ぶりとは裏腹に、父系社会のなかで身勝手な男に翻弄された姫の物語となっています。

『出雲風土記』ではヌナカワヒメは港の守護者の娘であり、出雲へ連れられていって、ミホススミノミコト（御穂須須美命）を生んだと伝えられています。けれど地元の伝説では彼女はオオクニヌシから逃れるのに必死です。

『古代越後奴奈川姫伝説の謎——黒姫山の神秘にいどむ』（渡辺義一郎、山誌刊行会、一九七八年）という本には、山ほどのヌナカワヒメ伝説が収録されています。ヌナカワヒメは黒姫ともよばれ、姫にちなんで糸魚川を中心に三つの黒姫山があります。その近辺にはヌナカワヒメを祭った数多くの神社があるのですが、オオクニヌシとヌナカワヒメの恋の結末を祝う伝説は少なく、オオクニヌシに嫁ぐのがいやで、姫川沿いに逃げる話が多いのです。

ヌナカワヒメへのオオクニヌシの求愛に地元の男も黙っていません。

「根知谷別所山に牛の爪痕が三つ刻まれた岩と、馬の足跡の一つ刻まれた岩とがある。昔奴奈川姫に懸想した土地の神が、大国主命が来て姫を娶ろうとしたのを憤り、論争した結果、山の高所より飛びくらべをして勝った者が姫を得ることにした。土地の神は黒き青毛の駒に跨がり、大国主命は牛に乗って、駒が岳の頂上に立った。まず土地の神が神馬に鞭をあてて飛んだところ、馬の足跡が残っている場所まで飛んだ。次に大国主命が牛を励まして飛ぶと、それより二、三町（一町は約百十メートル）先の地点に達した。これが今日なお牛の爪痕のある場所である」（前掲書二六五ページ参照）

あるいはまた、「姫川の上流の松川に姫ヶ淵という深い淵があるが、ここは大国主命の手先に追われた奴奈川姫が進退極まって身投げした場所なので、姫ヶ淵というようになった。姫川の名もこれから出たという」（前掲書二六五ページ参照）。

平安時代に編まれた偽書とされる『旧事本紀《くじほんき》』では、諏訪大社に鎮まる軍神タケミナカタは、オオクニヌシを父にヌナカワヒメを母に誕生したとします。今日、糸魚川市を訪ねると目につくヌナカワヒメの母子像は、この説話をもとにしています。ヌナカワヒメがヒスイの女神になったのは新しくて、経済の高度成長時代に日本中が総観光地化して以来のことです。千五百年の時を経てよみがえった日本ヒスイ同様、ヒスイの女神の復権は古代の息吹の再誕を告げているようで頼もしいかぎりです。

5◆出雲大社所蔵のヒスイ勾玉の謎

青年時代には益荒男《ますらお》として通し、壮年時代には偉大な建国者・支配者だったオオクニヌシも、老年に入るとパワーが衰えたようです。高天原から派遣されてきた敵軍になすすべもなく国譲りを承諾し、『日本書紀』では身に大きな勾玉を着けて、『古事記』では天上界の宮殿のような、大空に千木《ちぎ》を高々とそびえさせた宮を作って自分を祭るよう要請して幽界に降りていきます。

ここでの勾玉は王位継承の品や、祭祀権を象徴する品とは意味が異なります。祖霊の力を身に着けてパワーアップをはかる勾玉でもありません。魂を慰撫する鎮魂の勾玉です。現代では鎮魂は死者の魂を鎮めて安らがせるという意味でしか使われませんが、古代には精神的不安、動揺などが原因となって、魂は身体から離れやすいと考えられていて、身体の内に魂を安住せしめて、心を安定させるのが鎮魂の意味でした。鎮魂は生者でも死者でも、魂を鎮めて霊力の衰退を防ぐ技であり、心が荒ぶって猛り狂わないよう、死者にあっては祟らないよう気持ちを鎮めることが重視されていました。鎮魂の勾玉は古墳時代の巨大墳墓への勾玉副葬につながるものと考えられます。

古代の出雲にはたくさんの謎があって、一つの謎を追うと新たな謎に直面するようなところがあるのですが、オオクニヌシが自死に際して身に着けた勾玉をほうふつとさせる日本ヒスイの勾玉が、祭祀跡と想像できるところから出土しているのも、驚嘆すべきことがらの一つです。

問題の勾玉は、いまは出雲大社の宝物となっている、長さ三十五ミリほどで世にも美しいヒスイのギョロメタイプの勾玉です。科学的分析の結果、富山・新潟の県境地方産の日本ヒスイ原石からの加工品とされていますが、なぜそれがまるでオーパーツのように一個だけ出雲に埋められていたのか不思議でなりません。

この勾玉は一六六五年（寛文五年）、出雲大社の境内から徒歩五分のところにある命主社《いのちぬしのやしろ》の背後の大岩の下から、長さ約三十センチの銅戈《どうか》とともに発見されました。銅戈は棒の先に直角に取りつけて用いる、握り棒の長い鎌のような武器ないし武器型の祭祀用具です。出土品の銅戈は荒神谷遺跡出土の銅矛《どうほこ》（ヤリ状の武器で祭祀用品）と同じ系列とみられています。

銅剣・銅矛は朝鮮半島から武器として伝わったものが、おもに北九州で祭祀用品として大型化するなど、独自の発達をとげました。青銅製品と鉄器が列島にほぼ同時に伝わって青銅器の実用価値が薄れたことと、鋳造したての青銅製品は金ピカに輝いて神々しく見えるせいとされています。

一六六五年は江戸時代の初期で、四代将軍徳川家綱の時代に相当します。出雲大社の造営に役立てようと、命主社の裏の大岩を石材として切り出す最中に発見されたといいます。埋納の時期を弥生時代後期の荒神谷遺跡前後とするなら、その時代には出雲大社は存在していませんでした。

神々の住まいとして神殿が建設されるようになるのは仏教の伝来以降のことです。それまでは神は儀式ごとに招いて、祈願し、饗応して、退去してもらう存在でした。神々が降臨する神籬《ひもろぎ》や盤座《いわくら》は聖域として神聖視されていました。屋敷内に神祭りの場所はあっても、神はこちら側に定住しませんでした。

日本列島に仏教経典とともに仏像が伝来すると、仏像に宿る仏のための住居が必要になり、朝鮮半島の様式をまねて寺院が建立されるようになりました。その影響のもとに、神道でも神々のための住居を必要とするようになり、神々は神殿に常駐すると考えられるようになりました。神社建築の始まりは比較的新しい出来事です。

さらにまた、勾玉の故郷のように思われている出雲ですが、出雲大社のある杵築地方から東に離れた玉造温泉地方で、同地の花仙山の碧玉（グリーンジャスパー）を使用した勾玉が制作されるようになったのは弥生時代終末期のことで、しかもこの地方の玉作り遺跡で日本ヒスイの勾玉が作られた形跡は一切ありません。ですからあの勾玉は出雲で作られたものでないことは明白です。

弥生時代の後期や末期には、巨石は盤座として神聖視されていたので、戦勝や飢饉の終焉を願って氏族の神宝を捧げたとか、氏族間の戦争に敗れて逃亡するにあたって氏族継承の品を埋めた、などのケースが考えられます。奉納者は後出のヤチホコ信仰にゆかりがある人たちだったことでしょう。

三十年ほど前にこの勾玉を実際に手にとって拝観したことがあるのですが、半透明濃緑色の色合いの深さ、弥生時代の作りとは思えないモダンアート的な形状に、これが発掘されたことと、自分が手にできたことの不思議さに感動しました。

6◆荒神谷遺跡・加茂岩倉遺跡とヤチホコ

神話伝説に歴史の投影はあるのかないのか、といった魅惑的なテーマは、出雲ではがぜん現実的な輝きを放つようになってきています。

神話や伝説は過去の記憶をもとに、社会的な無意識によって脚色され、姿を変えながら伝承されていきます。古い時代の出来事の記憶がさほど歪曲されずに持ち越されることもあれば、政権交代や社会変動などによって古い時代が捏造、もしくは創造される場合もあります。それでも火のないところに煙はたたないわけで、神話や伝説にはそれのもとになったなにがしかの出来事があったと考えたくなります。

第二次世界大戦後の日本の古代史研究は、オオクニヌシ神話は、天孫族による建国神話を引きたてるために日本神話に組みいれられたものである、出雲は名ばかりで彼の地に大きな勢力はなかった、としてきました。ヤチホコの妻訪いも『古事記』に加えられた古い歌謡の一つと片付けられてきましたが、出雲での考古学的発見が相次ぎ、そうもいっていられなくなりました。

以下では神話伝説とシンクロする出雲の歴史を眺めていくことにします。ヤチホコを信奉したであろう集団が残した驚天動地の遺跡を眺めたり、ヤチホコとオオナムチは別人格の神だったことにふれたりします。出雲へ行って玉造温泉などを訪ねると、出雲は勾玉のふるさとのようにも見えますが、なぜそのようなことになったかについても話を進めたいと思います。

一九八四年に出雲の荒神谷遺跡から三百五十八本もの銅剣が発掘され、翌年には銅矛十六点、銅鐸六点が発掘されています。それまでの弥生時代の銅剣の現存数は三百本余りだったので、この出土数は考古学上の驚異でした。さらに驚くべきことに九六年には、荒神谷遺跡から直線距離で三・五キロの加茂岩倉遺跡から一カ所の出土量としては全国最多の三十九個の銅鐸が発掘されました。

荒神谷遺跡は弥生時代中期後葉、加茂岩倉遺跡もほぼ同時期、中期後半から後期初頭の遺跡とされています。この時期は卑弥呼の時代にほぼ重なり、古墳時代の始まりである紀元三世紀の後半あたりとほぼ同じになります。

考古学で明らかにされつつあるように、この時代の日本列島には、日向・北部九州・吉備・北陸(越《こし》)・近畿など、それぞれがひとまとまりの文化圏ができていました。そうしたなかで、北九州の銅剣と近畿・中部の銅鐸を、他に類がないほど大量に収集することができた国家的存在が出雲にあった、と考えざるをえなくなったのです。

銅剣・矛文化圏は北九州にあって、銅鐸文化圏は近畿・中部にあったとする、旧来の弥生時代の文化圏の色分けは両遺跡の発見によって色あせてしまいました。

これらの遺跡からの出土品によって、ヤチホコに代表される一族が出雲で権勢を誇ったことが推測されますが、かといって大和王朝以前に北部九州から近畿地方一帯を征服した王国があったとの痕跡を見つけにくいので、出雲の民はこれらの土地を交易圏としていたと考えるのが妥当なようです。

『増補改訂 勾玉』(水野祐、学生社、一九九二年)には以下のようにあります。

「荒神谷遺跡のある土地は、古くは神門臣《かんどのおみ》という豪族の勢力下にあった。神門臣は祖神として、八千矛を祭っていた。神門臣の西出雲の勢力は、弥生時代から古墳時代にかけて、しばしば東出雲の大庭を中心とする出雲臣族(のちの出雲国造)の勢力と抗争を繰り返した。この抗争は『古事記』では倭健命の出雲健《たける》征伐として伝え、『日本書紀』では崇神朝の出雲振根（神門臣側）討伐の物語としてとらえている。

結果的には意宇の勢力が大和の勢力と妥協して杵築《きつき》の勢力を屈伏させて、出雲は五世紀には、出雲臣（出雲国造家）の手で統合されたと考えられる」

「西出雲の杵築の八千矛を祭る豪族神門臣と、東出雲の意宇の大穴持神を祭る豪族出雲臣族とは元来血縁関係がなく、神門臣の振根が滅亡したとき、系譜的擬制によって両者の同族関係が成立した。八千矛は大穴持神の別称として同一視された」

「西出雲は早くから八千矛の銅剣・銅鉾の崇拝者の集団であり、その祖神の后神は宗像の三女神の一柱である多紀理毘売命であり、宗像と出雲杵築との深い関係が示唆されている」（同書一九三ページ）

矛《ほこ》は槍に似た武器です。弥生時代には青銅製の矛が武器としてではなく、祭祀用に多数制作され、形状も大型化していきました。当時実用的な武器としては鉄器がありました。鋳造したての青銅は赤金色に神々しく輝いたから神々への供物となり、依り代となったのです。

日本神話の冒頭で、国生みの夫婦神イザナギとイザナミが天の浮き橋に立って、混沌とした海に差し降ろす天の沼矛《ぬぼこ》は、ヌナカワヒメの「ヌ」と同じ、宝石のように華麗な矛をいいます。

荒神谷と加茂岩倉、二つの遺跡からの膨大な量の出土品を前に、これらがどこからきたかを考えるなら、山陰や北陸で作られた管玉や勾玉を北部九州に運んだのは、ヤチホコを英雄神とあおぐ西出雲の民だった可能性が見えてきます。青銅や鉄との交換にヒスイ製品が用いられたことでしょう。そうやって彼ら交易の民は、山陰・北陸・近畿地方を行き来して財を蓄え、勢力圏を拡大していったと想像できます。

先にちょっとふれたようにあえて歴史にあてはめるなら、ヤチホコがヌナカワヒメに妻訪いしたのは、卑弥呼の活躍や初期ヤマト王朝の建国とほぼ同じ時代のことになります。当時はヤチホコを信奉する杵築地方の西出雲のほうがオオナモチを擁する意宇地方の東出雲より勢力が強く、東出雲で勾玉の制作は始まっていなかったし、東出雲と北陸との交渉はなかったようです。そのせいで出雲に糸魚川地方産の日本ヒスイ原石は持ちこまれなかったと考えられます。

『記』『紀』の編纂者にとっては国譲り＝禅譲の構図を確立することだけが大事で、出雲の歴史は圧縮されて、国譲り一本にまとめられました。

初期ヤマト王朝が誕生して勾玉信仰を受容したために、神話では勾玉ははなから天孫族のパワーオブジェクトとされていますが、歴史的に見るなら勾玉は中津国で発展した呪具・物実《ものざね》で、ヤチホコ＝オオクニヌシとその仲間たちに属していました。

第5章

大王たちが愛したヒスイ勾玉

大きなヒスイ勾玉は死後も王たちの生命力を強化した

1◆大和王朝は巨大古墳築造とともに始まる

紀元三世紀のなかごろか後半、『魏誌倭人伝』に記された卑弥呼とほぼ同じ時代、現在の奈良県桜井市、奈良盆地の東南部、三輪山の山麓に、後世に箸墓古墳とか箸中山古墳とよばれることになる全長約二百八十メートルの巨大な前方後円墳が築造されて、時代区分は古墳時代へと移っていきます。

これは小さな自衛集落を拡張して城塞都市が誕生するというのとはレベルが異なる出来事でした。昨今の超高層ビルに匹敵するほどに巨大な高塚墳墓が千七百年ほど前の山里に驚天動地の勢いで忽然と出現したのです。

日本神話では、南九州から東征してきた神武天皇の建国によって原初ヤマト王朝が誕生したと説明されています。古代史的には初期ヤマト王朝建国を契機とする古墳時代の始まりは十代ほどあとの天皇の業績とする意見が多くだされています。

日本神話のオオクニヌシの国譲りと天孫降臨の間には大きな断絶があります。時代も場所も異なる二つの出来事を一つに結びあわせたようです。神話の系統から見ても、大陸北方のモンゴルやシベリアの神話と南方の江南や東南アジアの神話が混合されています。

高天原から葦原中津国へ、進駐軍として派遣されたアマテラスの孫のヒコホノニニギが降臨するのは、オオクニヌシの出雲とは何の関係もない南九州の日向でした。彼らは天孫族と名乗っても、天界の威光を放つことがない移住者に見えます。不貞を疑われたコノハナサクヤヒメの産屋に火を放っての出産や、ヤマサチヒコの竜宮城探訪などがあり、四代目のワカミケヌノミコト（若御毛沼命）が大和の覇者にならんと日向を出て瀬戸内海を経由、苦戦を重ねたのちに大和の先住民を征服して初代天皇・神武天皇になりました。

ともかくもこうして、近畿地方を拠点に初期ヤマト王朝が始まりました。勾玉文化が全盛となる時代で、男や女の胸を飾り、大王（天皇）や豪族の墓に副葬され、神々への供物として儀式に使われて、勾玉なくして世に平安はないといった勢いになっていきます。古墳時代は巨大墳墓を築いて大王（天皇）や豪族たちの亡骸《なきがら》を厚葬した時代です。大和朝廷による国家統一が進み、経済的にも上り調子、海外では朝鮮半島の覇権を新羅や高句麗、百済と競いあいました。

時代区分を三世紀後半から四世紀を初期古墳時代、五世紀を中期古墳時代、六―七世紀を後期古墳時代と、おおまかに分けます。中期古墳時代が勾玉文化の絶頂期にあたり、後期古墳時代には勾玉の愛用は衰退していきます。そうして奈良時代になると勾玉は過去の遺物になってしまいます。

古墳時代の三つの区分はエポック・メーキングな天皇にあてはめることができて、初期は崇神天皇（土地神を崇拝した天皇）に始まり、中期は応神天皇（神託に応じて現れた天皇）、後期は継体天皇（王朝の体面を継続した天皇）が起点になります。

ひところテレビ・新聞では皇位継承問題にからんで、「皇統の万世一系」が話題になりました。『古事記』と『日本書紀』が説くようにおよそ二千六百年前の神武天皇以来、皇室の血筋は一度も途絶えることなくつづいてきたという説です。これに対して学問的には、考古学的な研究成果とも整合性が高い「大和王朝三交替説」に人気があります。

①神武天皇から八代の孝元天皇までは伝説の天皇であり、実在しなかったとして「欠史八代」とします。

②十代・崇神天皇が初期ヤマト王朝を開いた天皇です。三世紀半ばあたりのことで、崇神王朝は列島の地歩固めに傾注しました。伝説から類推するに、神祭りに際して勾玉や鏡を七夕の笹飾りのように榊に飾ったようです。十四代・仲哀天皇とその皇后・神功皇后までが初期古墳時代に相当します。

③十五代・応神天皇によって新規王朝が始まります。この天皇の出自は大陸の北のほうにあって、朝鮮半島を経由して渡来したとする説があります。四世紀末から五世紀にかけてのことで、応神天皇につづく天皇たちは、朝鮮半島での高句麗・新羅・百済との勢力争いに明け暮れました。五世紀は「倭の五王の時代」ともいわれています。勾玉については日本ヒスイ製品が大量に新羅などに輸出されました。古墳時代中期に相当し、古墳築造の舞台は大阪平野に移り、墳墓はいっそう巨大化

していきます。副葬品には馬具や鉄製武器・武具が目立つようになります。
④「大和王朝三交替説」では、二十五代・武烈天皇によって応神以後の血筋は途絶え、六世紀の初めごろ、継体天皇が新たな王朝を開いたとします。継体天皇の孫の推古天皇を経て天智・天武・持統天皇へと王朝は引き継がれていきます。継体天皇以降を古墳時代後期に分類します。この時代になると宗教観が変化して、前方後円墳など高塚式墳墓の規模が縮小していきます。埋葬の形式も横穴式石室へと変わっていきます。仏教伝来のせいもあって勾玉愛玩の風潮は衰退していきます。
第6章「列島の中国化で勾玉衰退」でより詳しく検討しますが、母系社会に家父長制が接ぎ木された日本列島の古代社会では、新たな権力者は旧王朝に入り婿して体裁を整えれば大王の位を継承できました。その意味では、「大和王朝三交替説」は家父長的社会観から導きだされた歴史観で、母系風に眺めるなら、「皇統の万世一系説」もあながち間違いではないことになります。

2◆突然の超巨大墳墓出現にただ仰天する

古墳時代の始まり、箸墓墳墓の出現は、エジプトのクフ王のピラミッドやメキシコの古代遺跡テイオティワカンに比べてもひけをとらない、画期的な出来事でした。

現代では古墳は雑木に覆われた小高い丘程度にしか見えません。しかし、高い建物といえば三、四階建ての櫓《やぐら》程度のものしかなかったところに、盛り土を固めて要所要所を河原の転石で葺いた、十階建てのビルの高さに相当する、巨大でまばゆい建造物が出現したのです。まるでもう、巨大な宇宙船が着陸したかのような光景でした。

箸墓古墳の全長は約二百八十メートル。徒歩で四、五分かかります。後円部の直径百五十五メートル、高さ約二十九メートル。前方部の幅百二十五メートル、高さ十六メートル。雑な計算では、八十平方メートルの建て売り住宅なら共有地を無視して約四百軒建つことになります。しかもこの墳墓は二重の堀に囲まれ、内側の周濠は約十メートルの幅、内側と外側の堀の間の堤は約十五メートルの幅があります。

墳丘の頂には、特殊壺、特殊器台、円筒形埴輪などというひとかかえほどもある大きな素焼きの土器が多数並べられています。墓の主の遺体は円墳の頂点から穴をうがって地中に納められました。

箸墓古墳のある纏向は初期ヤマト王朝建設の土地との説が有力になっていて、前述したように、崇神天皇を初代天皇とする説が有力視されています。

伝説では箸墓古墳は崇神天皇の叔母のヤマトトトヒモモソヒメ（倭迹迹日百襲姫）の墓とされています。この女性は大和の地のトトヒ・モモソ姫の意味で、トトヒは鳥が飛ぶ（舞う）様子、モモソは何度も繰り返すの意味で、女性呪術師が鳥に扮して舞うことで神がかりする様子を伝える名前という説があります（谷川健一『日本の神々』〔岩波新書〕、岩波書店、一九九九年、参照）。『古事記』では三輪山の神・大物主（オオモノヌシ）と聖婚した巫女として描かれています。夫は夜ごとに訪ねて未明には帰ってしまう。一度は姿を拝見したいと懇願すると、それでは朝になったら櫛箱に入っていよう、と彼は応えます。不審に思いながらも姫が櫛箱を開けると、小さな蛇が入っていました。仰天した姫は女性器を箸で突いて亡くなったとされています。この時代には食事に箸は使用されておらず、女性器を破損しての死亡は異様で、性器を呪力が宿る場所とするような思いいれが『記』『紀』編纂の時代にあったようです。

崇神天皇を初期ヤマト王朝の初代天皇とするなら、この天皇の時代に三輪のオオモノヌシが祟って疫病が流行し、民の大半が死亡したという記事もうなずけます。孫のホムツワケはオオクニヌシの祟りで成人しても話すことができず、出雲に詣でてやっと口がきけるようになったと伝えられています。大和の新しい征服者となった崇神天皇や息子たちは、土地の神に受け入れてもらえず、祟りを受けざるをえなかったことが暗示されています。

また崇神天皇は初代の天皇にふさわしく、北陸・東海・西海・丹波四方面に四道将軍を派遣したり出雲の神宝を奪うなど、征服地の拡大に努め、「初国知らしし天皇」と称えられました。伝承では、崇神天皇は山辺道勾岡上陵《やまべのみちのまがりのおかのえのみささぎ》（奈良県天理市柳本町）に葬られたとされていますが、箸墓古墳を彼の陵墓とする説もあります。

3◆列島に古墳築造熱が蔓延する

古墳時代の始まりは、謎に満ちたマウンドビルダー一族がどこからか忽然とやってきて、巨大墳墓の建築に着手したかのように見えます。

後世に前方後円墳と命名されることになる超巨大な高塚式墳墓には、プロトタイプと想定できる弥生時代後期のいくつかの古墳があります。前方後円墳の先駆形は奈良県纒向石塚遺跡、円筒埴輪の前身は岡山県楯築《たてつき》遺跡など吉備地方の古墳に、また要所を石で葺くのは、山陰地方の四隅突出形墳墓に前例があげられます。それにしても箸墓墳墓の出現はまったく唐突で意表をつくものであり、最初から完成されていて、建築にためらいがないものでした。

箸墓古墳はカギ穴にカギを差しこむように、当時の支配者層・豪族たちの宗教的心情や名誉と称賛を得たい欲求に、ぴったりとあてはまりました。箸墓墳墓築造の成功こそ、初期ヤマト王朝の名を列島各地に知らしめ、以後二千年に及ぶ宗教国家運営の足場を固める要となったといっても言い過ぎではありません。

たちまちのうちに近畿から瀬戸内海、九州北部にかけて巨大な前方後円墳の建設ラッシュが始まり、九州南部、中部、関東地方に広がっていきます。巨大墳墓築造ビジネスは初期ヤマト王朝の主導のもとにフランチャイズされ、全国展開していったのです。

古墳時代の約四百年間を通して、北海道や東北北部、南西諸島を除く日本列島の各地に推定で十万基以上の墳墓が築かれ、そのうち前方後円墳は約四千基に達したとのことです。

前方後円墳の分布には、弥生時代末期の地方勢力の繁栄を見てとれます。北九州や南九州、吉備や中部など、それぞれの地域が小王国化していて、統治者たちが政治・経済・宗教的理由のもとに高塚式巨大墳墓の建造を歓迎したのです。

墳墓の建設ノウハウと葬儀にまつわる祭儀一式、副葬品の提供、王位継承儀礼をパックにして地方権力に提供したために、初期ヤマト王朝は列島の文化的統一へと足を踏み出せたと思われます。

ここに古墳時代中期に建造された最大の古墳についてのデータがあります(白石太一郎『古墳とヤ

マト政権』〔文春新書〕、文藝春秋、一九九九年）。

①「最大の古墳は大阪府堺市の大仙陵古墳で仁徳天皇陵とされている。全長四百八十六メートル、高さ約三十五メートル。二〜三重の濠の外域には前方後円墳・帆立貝式古墳・円墳・方墳などさまざまな形態の陪塚が、あたかも衛星のように主墳を取り囲む。こうした陪塚の営まれている外域をも含むと、その墓域全体は南北約十キロ、東西約八キロで、面積は八十ヘクタールにもおよぶ」（同書一〇ページ）

②「大林組のプロジェクトチームが一九八五年に行なった、大仙陵古墳の建設にかかる工期と工費についての試算によると、今、これを古代の工法で造営するとすると、一日あたりピーク時で二千人、延べ六百八十万七千人を動員して、十五年八ヶ月の工期と七百九十六億円の工費を要するという」（同書一〇ページ）

③「このように巨大な墳丘をもつ古墳が、近畿中央部ばかりでなく山陽、山陰、関東からさらに南九州や東北地方を含む列島の各地に見られることは、大規模な古墳が王都に集中している新羅や高句麗の場合とは大きく異なる。現在確認されている範囲で、墳丘の長さが二百メートルをこえる古墳は、これらはすべて前方後円墳であるが、列島の各地に三十五基も見られる。また墳丘長百五十メートル以上の古墳は七十二基で一基を除いてすべて前方後円墳である。さらに朝鮮半島最大の皇南大塚の墳丘長（百二十メートル）をこえるものは、おそらく百三十基を下らないと考えられる」（同書一二ページ）

前方後円墳上面の埴輪デモンストレーション

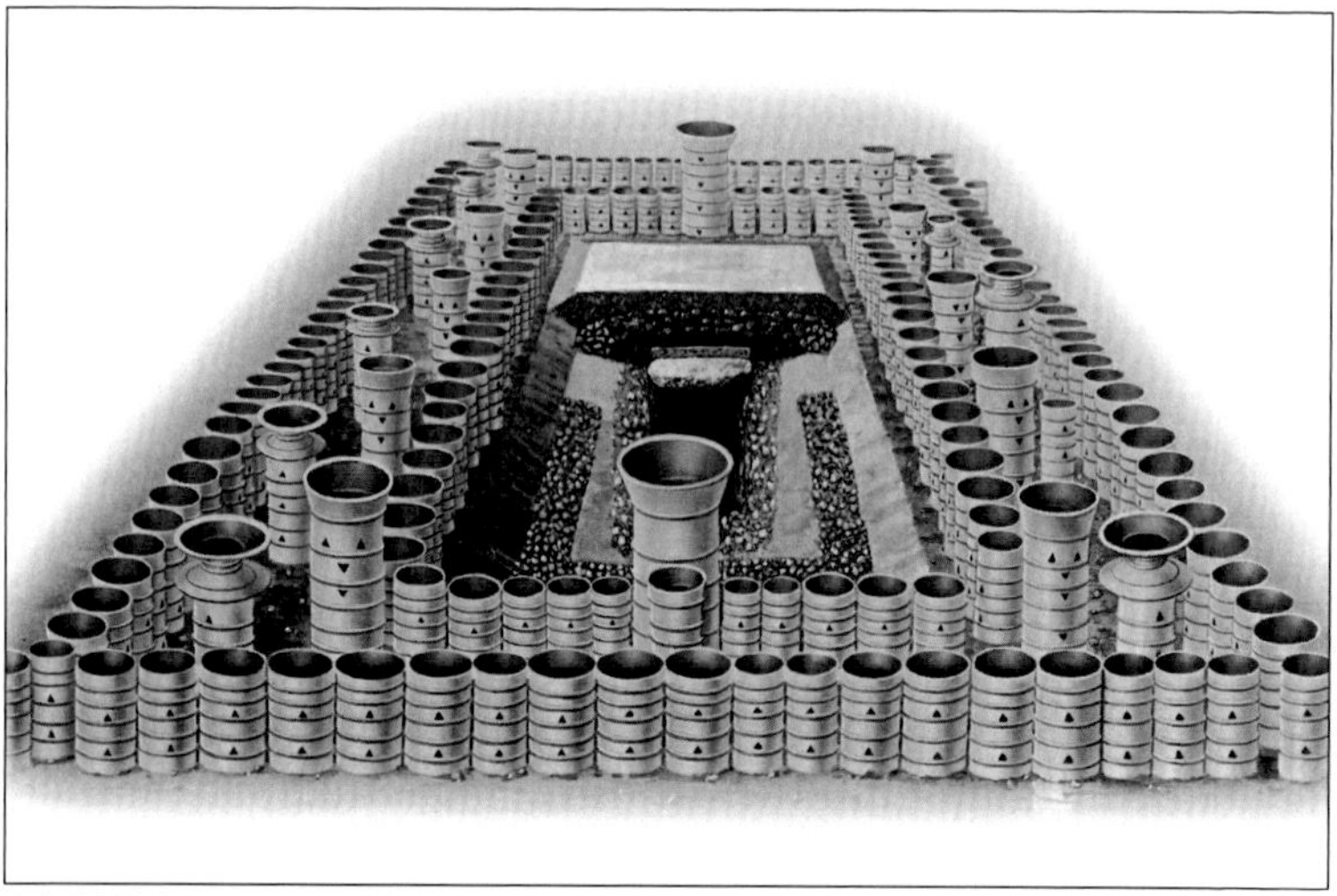

奈良県桜井市のメスリ山古墳後円部の埋葬部分は、巨大な円筒埴輪列で覆われていたと推定されている。当時の宗教観はわかっていない

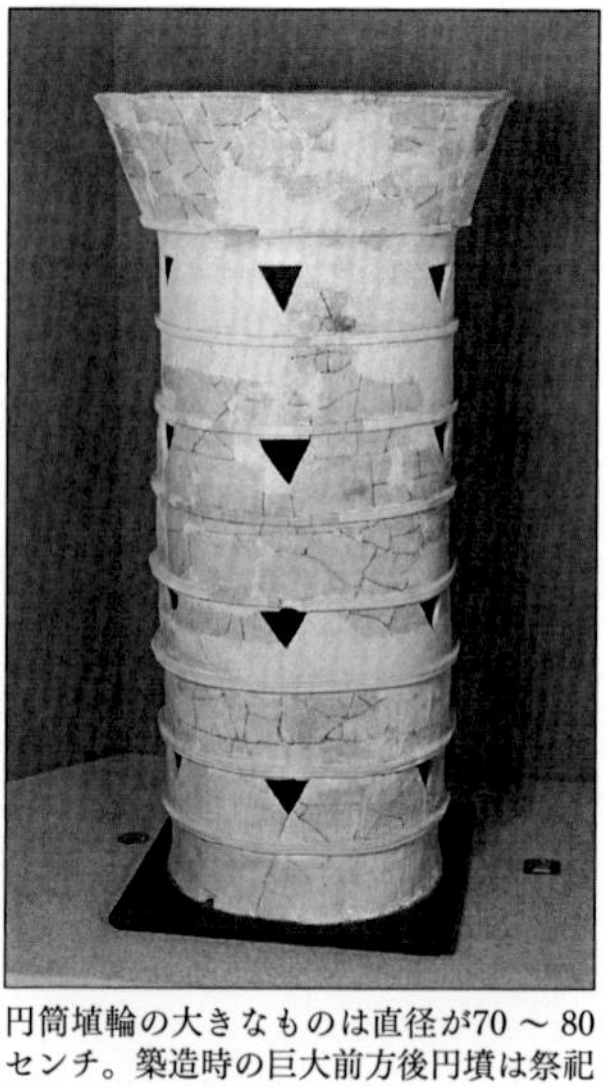

円筒埴輪の大きなものは直径が70 ～ 80センチ。築造時の巨大前方後円墳は祭祀用オブジェで飾られさんぜんとかがやいていた（上下とも「巨大埴輪とイワレの王墓」展図録〔奈良県立橿原考古学研究所付属博物館、2005年〕から転載）

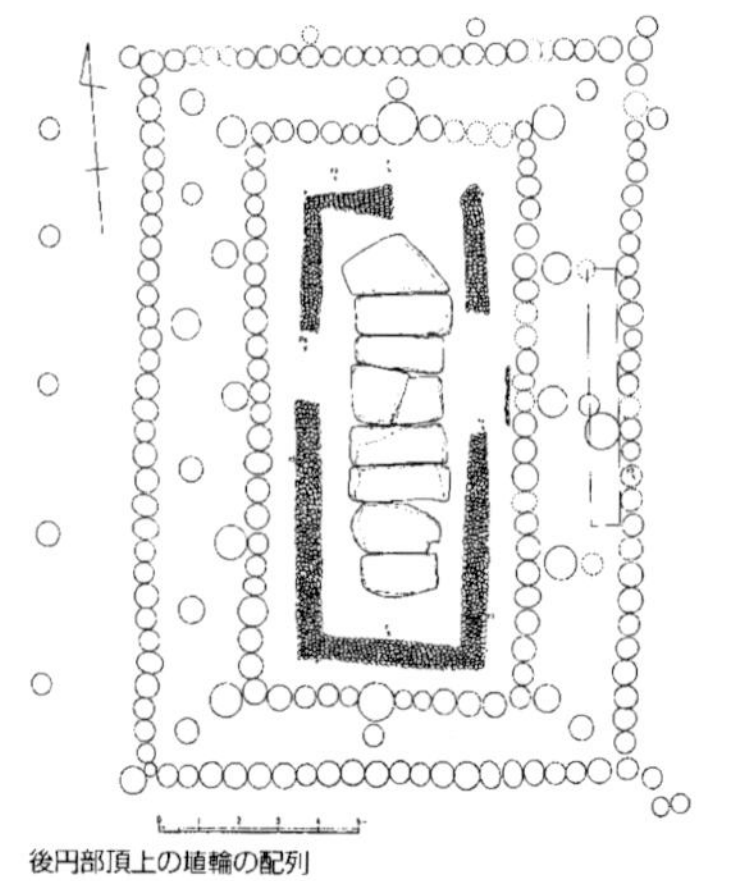

後円部頂上の埴輪の配列

ちなみにエジプトのクフ王のピラミッドは高さ約百三十九メートル、底辺約二百三十メートル。両者を比べるなら、大仙陵古墳の全長四百八十六メートルは世界各地の古代遺跡のうちでもず抜けて広大であることがわかります。四百八十六メートルという距離は徒歩で約七分間に相当します。巨大高塚式墳墓の築造熱が高まっていった様子を眺めると、それは、自己顕示やら見栄という領分を超えて、極楽鳥の尾羽根が野放図に伸びていったような、どこやら狂気にとりつかれた定行進化論的結果であるようにも思えてきます。

けれど、なぜこうなったかの背景には、交換経済社会での経済成長というテーマや、古墳時代に権力者の間から育った近代的自我の発達といったテーマが横たわっています。

4 巨大墳墓築造で王たちは男を上げた

大仙陵古墳の建設試算の例のように、巨大高塚式墳墓の建造は、完成までに長年月と多大な費用を要する建築プロジェクトだったことが重要でした。建設地に隣接して作業員など建設関係者の町が作られ、たくさんの人が長期にわたって集い、多量の物資が消費されていきました。昔もいまも、貨幣があろうとなかろうと、人が動くところにモノが集い、モノが動くところに人が集って、人とモノが動けば、ビジネスチャンスが創出され、経済は活性化します。

箸墓墳墓の築造によって纏向には吉備や北九州、北陸など各地から職人や交易商人が集い、大きな町へと育っていったことが豪族間の話題になったことでしょう。

地域の首長が統合されて豪族が登場し、やがて君主政治が始まるまでの古代の権力者の心性として、自己顕示欲の強さ、名誉・評判・体面の重視といった要素を列記できます。みんなから尊敬され、いい評判を得て権力を確立・維持するために、彼らは気前よくあることが大事でした。

交換経済の社会では富は流通することに意義があり、一極集中したら地域経済は停滞してしまいます。極端にはポトラッチのような財産を放出・再分配するシステムが必要で、それによって当事者は尊敬され、大物扱いされました。巨大墳墓の築造は中央と地域の権力者が体面を保ち、名誉を高め、恩を売ったり売られたりして豪族間の信頼を得るための流通システムとして、ちょうどいい具合に機能したと思われます。

加えて、この流行現象は、初期ヤマト朝廷に都合がよかったことに、宗教的な世界観を一つにして、交易圏を共有する首長連盟の誕生におおいに役立ちました。

古墳時代初期には、前方後円墳の外観ができてから、円墳部分の中央に竪穴を掘って遺体を埋葬しました。縦に半裁した大きな丸太の内部をくりぬいた木棺に遺体を納めて、銅鏡や管玉、勾玉などの装飾品、貝輪を模倣した石製腕輪、鉄製農具などを副葬しました。そのあと、木棺の四方に割り石・板石を積んで壁を作り、壁の上に天井石を並べて棺を封鎖、粘土で厳重に被覆して棺を埋めるといった、死者が身動きとれないほどの厚葬ぶりです。

このように厳重な埋葬ぶりは、遺骸の保存というよりも、死者に生き返ってもらいたくなかった思いが強いように見受けられます。

日本列島では弥生時代から古墳時代にかけて、権力者たちの間で近代的自我が発達していった時期に相当します。精神の発達史から眺めると、自我は自分が所有したものを奪われたり、失うおそれから発達し、妄想という衣装を着て肥大していきます。

これに関して、指導者が身近にいなくても、あるいは指導者が死んだあとでも、指導者の声を幻聴として聞いたという説があります。この能力が神々の声を聞く神託へと発展していったと考えられています（ジュリアン・ジェインズ『神々の沈黙——意識の誕生と文明の興亡』柴田裕之訳、紀伊國屋書店、二〇〇五年）。

自我が自己判断に重きを置くようになると、他人はもちろん身内の意見もうとましくなります。自分が望まないかぎり、神託や夢見などで祖先に指図されたくない。死者にはこのうえなくくっきりと死にきってもらいたい、そんな思いが、巨大墳墓建造を助長したのではないかと疑っています。

弥生時代から古墳時代にかけての時期は、精神的には人類の思春期のようなもので、神がかりした巫女や霊媒による神託を重視する政治《まつりごと》から、占いを重視する政治への転換期です。神託では祖霊の意見は変更しにくいのですが、占いなら結果が意に沿わなければやり直したり、解釈を変更できます。自我の発達によって神々・祖霊への依存度が薄まっていきました。巨大墳墓の登場は、権威の象徴や死者の再生という政治や宗教的な面からだけでは理解できない、多くのテーマを内在させています。

5◆朝鮮半島の覇権を望んだ倭国の王たち

『記』『紀』伝説では、日本武尊《やまとたけるのみこと》の第二子の十四代天皇・仲哀天皇は、「新羅を攻めれば、金銀財宝思いのままよ」との神託を無視したために、怒った神に呪殺されてしまいます。かわって神功皇后が新羅に遠征します。彼女は臨月でありながら腹に石を巻いて出産を遅らせて戦いに臨み、凱旋したあとに生まれたのが応神天皇でした。応神天皇は後世、神功皇后と母子神として八幡宮に祭られます。

応神天皇あたりから中期古墳時代になり、朝鮮半島との外交、おもに新羅や高句麗との闘争によって国力をつけていく時代になります。後続の天皇たちは「倭の五王」として知られています。

初期古墳時代は、箸墓古墳に始まり奈良盆地にヤマト王朝関係の前方後円墳が多数建設されましたが、四世紀末から五世紀にかけてのおよそ百年間の中期古墳時代には、王墓の建造地は大阪平野の河内が中心になって、墳墓はいっそう巨大化していきます。

大阪平野南部の古市古墳群（大阪府羽曳野市・藤井寺市）と百舌鳥古墳群（堺市）がそれで、強大な権力者となった大王たちの威力を示す大型古墳が続々と築造されました。古市古墳群では、全長百メートル以上の古墳が十六基を数え、約十キロ西の百舌鳥古墳群との二つの古墳群には、それぞれ三十一基・二十三基の前方後円墳など百基を超える古墳が残されているそうです。

墓制も変わって木棺は廃れ、竪穴式石室に長持形石棺を埋葬するようになりますが、画期的なのは副葬品で、古墳時代前期には見られなかったきらびやかな馬具や甲冑《かっちゅう》（よろいとかぶと）が主流となり、『記』『紀』に記された応神天皇につづく天皇たちの活躍ぶりを裏付けています。

この時代は、東アジア情勢のなかの日本の位置を把握しないと概要をつかめません。おおむね以下のように中国と朝鮮半島は激動の時代を迎えていました。朝鮮半島南部で採掘される鉄を手に入れるためにヤマト王朝はこの騒動に参加せざるをえず、騎馬戦を学ぶなど、中国・朝鮮半島的文化に染まっていきました。

河内の巨大前方後円墳から出土する馬具などには、北ユーラシアで制作され、朝鮮半島を経由して伝えられた舶来の黄金製品が含まれています。

6 波瀾万丈だった古墳時代の東アジア

①卑弥呼と邪馬台国についてふれた魏の歴史書『魏誌』の『倭人伝』以降、宋の歴史書が倭の五王について述べるまで、約百五十年間、弥生時代から古墳時代への過渡期の間、中国の古文献には日本列島関連の記事がないので、初期ヤマト王朝の時代を指して「空白の四世紀」とか「謎の四世紀」とよんでいます。

②『三国志』の悪役、魏の曹操《そうそう》（一五五―二二〇）亡きあとしばらくして、二六五年に魏は曹氏から司馬氏に王朝を奪われ、晋《しん》（西晋）になります。卑弥呼の後を継いだ壱与が、日本ヒスイの大きな勾玉をたくさんの真珠とともに朝貢したのはこの晋でした。二四八年、卑弥呼の後を継いで十

三歳で邪馬台国の巫女王になった壱与（台与）は、二六六年、晋に朝貢したときは三十一歳になっていました。そのあと彼女がどういう人生を送ったかを記す文献はありません。邪馬台国と狗奴国との勝敗の行方もわかっていません。

③晋の二代目は暗愚な王で、無能ぶりがたたって、諸王を巻きこむ動乱へと発展し、「八王の乱」（二九一—三〇六年）が起きます。諸王が中国北方や西方のモンゴル系・トルコ系・チベット系異民族、いわゆる五胡を傭兵として雇ったことから混乱に拍車がかかりました。華北一帯は動乱に次ぐ動乱の時代となり、五胡十六国とひとまとめにされる非漢民族系の国ができては滅びていきました。三一六年には西晋も滅亡しました。

④華北の貴族官僚たちはこぞって江南に逃れ、三一八年にいまの南京に、司馬氏の生き残りを擁立して晋王朝（東晋）を復活させました。

⑤朝鮮半島では漢王朝以来の重しが取れて、三一三年に高句麗によって中国の植民地・楽浪郡が滅ぼされ、三四六年には百済が独立、三五六年に新羅が建国されて、三つどもえの領土争奪戦が繰り広げられていきます。

⑥五世紀に入って華南では、四二〇年に東晋の恭帝《きょうてい》から禅譲を受けた劉裕《りゅうゆう》という武人が宋王朝を創建しました。華南の王朝はこののち斉《せい》、梁《りょう》、陳と推移していきます。

⑦魏・呉・蜀の三国が分立した二二〇年ごろから、五八九年に隋によって南朝の陳が滅ぼされ、南北が統一されるまでの約三百六十年間を魏晋南北朝時代といいます。江南の王朝の数が呉・東晋・宋・斉・梁・陳と六つあったので六朝時代ともよばれます。

⑧宋から隋までの期間は、日本列島では応神・仁徳・雄略天皇から継体天皇を経て聖徳太子の時代に相応します。

⑨朝鮮半島では、四世紀後半になると北の高句麗が南下して、半島南部の百済や新羅に侵攻します。百済は半島南端部の伽耶諸国とともにヤマト王朝を味方に引き入れて高句麗に対抗しようとします。鉄の供給を朝鮮半島に頼っていたヤマト王朝は、高句麗・新羅・百済の三国の争いに参戦せざるをえなくなります。

⑩ヤマト王朝の大王（天皇）は、国内では近畿の葛城をはじめ、吉備や上毛野《かみつけの》（いまの群馬）、日向など地方の豪族と手を結び、対外的には宋に後ろ盾となってくれるよう願います。これが宋の歴史書『宋書倭国伝』に名前が載る倭の五王で、四二一年から四七八年まで、倭国王（ヤマト朝廷の天皇）が五代にわたって宋に朝貢し、朝鮮半島での活動を正当化する将軍名の授与を要請しました。

⑪倭の五王の「讃・珍・済・興・武」は通説では「仁徳・反正・允恭・安康・雄略」の五天皇を指します。「讃を応神、珍を仁徳」にあてる説もあります。この時代に後述するように、ヒスイ勾玉が盛んに朝鮮半島に輸出されました。この時代の朝鮮半島と日本との関係についてはさまざまな説がありますが、日本の大王が朝鮮半島を支配する将軍の称号を宋から与えてもらいたがったのは、まるきりのはったりとも思えず、当時の王朝は戦争と交易の拠点を朝鮮半島南端にもち、三国と対等に戦っていたようです。

7◆雄略から継体へ、強力天皇が王朝を導く

五世紀後半、雄略天皇の時代になると天皇の権力が増大します。各地の豪族との連合のうえに成立していたヤマト王朝は、日本列島の支配者へと脱皮していきます。以降、一つまた一つと有力豪族を解体・壊滅させていって、天武天皇の時代に豪族が関与しない中央集権国家が誕生します。

雄略天皇以降は豪族たちの首長連合が消滅した証しであるかのように、大王家以外の巨大墳墓は列島のどこにも作られなくなります。

気前のよさと面倒見のよさで子分たちの信頼を得た男が親分としての地位が安定したとたんに冷淡な支配者になるという、世界史の各所で見られる君主制の始まりを連想させます。そのせいか、『日本書紀』に描かれた雄略天皇は、神官の長にあるまじき暴力好きな天皇で、疑い深く、ちょっとしたことで怒り、身近な者たちを次々と殺していく「はなはだ悪しくまします天皇なり」となっています。

雄略天皇の皇子で二十二代・清寧天皇のとき王朝の血筋は絶滅の危機におちいります。三代あとの二十五代・武烈天皇は冷酷非道な天皇、悪逆無道なソシオパス（社会的変質者）として著名ですが、この天皇のとき、朝廷近辺には血統を継ぐ者がいなくなってしまいました。雄略天皇が皇位継承のライバルを皆殺しにしたからといわれています。

それで探しだされたのが、応神天皇の六代目の子孫とされる継体天皇（四五〇—五三一）です。彼

は越前・近江の出身ですが、紆余曲折を経て、武烈天皇の妹・手白香《たしらか》皇女と結婚、天皇家に入り婿することで、王統を継いでいきます。

王位継承はいつの時代も危うさを含んでいます。けれど特に継体天皇の時代は、新来の天皇という足場の脆弱さを反映してか、大王になったときも、三人の王子が跡目を相続しようとしたときも、安泰ではすまなかった模様です。仮説ではクーデターが起きたとか、二つの王朝が並立したなどと説かれています。

古墳時代はここから後期に分類されるようになり、天皇家といえども大型古墳の築造は減っていき、横穴式石室をもつ墳墓が築造されるようになります。祭祀の形態が変わり、朝鮮半島経営も思わしくなくなり、継体天皇の皇子で二十九代・欽明天皇のときには仏教が公伝して、巨大な墳墓を築いて権力を誇示した時代が終焉していきます。同時に神々とこちら側を結ぶよすがだった勾玉に重きが置かれなくなり、世は様変わりしていきます。やがて渡来氏族ともいわれる蘇我氏が権勢を振るうようになり、継体天皇の孫にあたる推古天皇が立ち、曾孫の聖徳太子が摂政になります。推古天皇の夫で聖徳太子の伯父にあたる敏達天皇の孫が、大化の改新の天智天皇と、壬申の乱の天武天皇で、この二人の天皇の時代に、古墳時代はおおむね終了し、中世的な立憲君主国家へと移っていきます。日本ヒスイ勾玉だけではなく、管玉も作られなくなり、ヒスイそのものが歴史から忘れられていくのもこれらの天皇の時代です。

本書は日本ヒスイと勾玉の古代史をテーマにしているのであまり脇道にそれるわけにもいかないのですが、倭の五王から継体天皇を経て、天智・天武天皇へと移っていく時代の天皇たちには、ミステリー小説を凌駕する奇妙きてれつ、戦々恐々とする逸話が多々あって、深入りするほどに抜けにくくなります。

8◆ヒスイ・水晶・碧玉製の膨大な量の勾玉

勾玉文化の黄金期である古墳時代には、勾玉は『記』『紀』神話で語られているように王位継承の品に選ばれ、人物埴輪に見るように、人々の胸や首、髪を飾り、遺跡からの出土品が証明しているように前方後円墳などの高塚式墳墓に副葬されました。素材も日本ヒスイだけでなく、水晶・瑪瑙・碧玉（ジャスパー）・琥珀、などで盛んに制作されました。滑石・蠟石を使った祭祀用の子持ち勾玉も登場します。

古墳時代には約四百年間に推定十万基以上の墳墓が築造されました。どれくらいの割合で、どれくらいの個数の勾玉が副葬されたのか、気になるところですが、推定した文献を見つけられません。副葬品以外の用途として、一万五千個以上の日本ヒスイ勾玉が交易のために朝鮮半島に送られたという説があります。

日本ヒスイ原石の産地、糸魚川市を中心とした新潟・富山県境地方では、弥生時代には勾玉の制作は衰退していましたが、古墳時代になると縄文時代にも増して盛んになります。日本ヒスイ勾玉は古墳時代を通じてほぼ限定的に新潟・富山の県境地方の玉作り工房でだけ制作されました。

前記したように、出雲では弥生時代末期になってから、水晶・瑪瑙・碧玉の勾玉が制作されるようになります。同時に管玉・切り子玉・丸玉・平玉なども作られました。出雲の玉作り遺跡からは日本ヒスイの原石はひとかけらも出土していません。古墳時代に入ってからの北陸（越）はヤマト朝廷の支配下にあって、出雲が手出しできなくなっていたようです。

弥生時代からのつづきで、山陰・北陸では碧玉や緑色凝灰岩という加工しやすい岩石を用いた管玉が盛んに制作されます。古墳時代初期には碧玉を素材に、貝製腕輪をモデルにした車輪石・鍬形石・石釧《いしくしろ》が作られ、銅鏡や管玉、勾玉などとともに墳墓に副葬されました。

日本ヒスイは勾玉制作に特化し、管玉は作られていません。ヒスイは孔開けが困難で管玉制作に向いていないという理由のほかに、管玉には全体が緑色系の石でなくてはならない精神世界的な思いいれがあったと考えられています。弥生時代に佐渡の赤玉（レッドジャスパー）を用いた管玉が佐渡島で制作されたのを例外に、管玉には青竹や葦のようなくすんだ緑色の石が好んで用いられました。上代の日本語にうとく確証があるわけではないのですが、〈竹〉は〈多気〉だったのでしょう。

9◆多種多様な天然石製品が墳墓に副葬された

世界中どの土地の文化でも、死後の世界や神々の領域は現実社会をモデルに創造・構築されます。たとえば、仏教の仏たちの半裸で豪華な衣装は大乗仏教が形を整えていった時代、紀元前後のインドの王侯貴族の衣装が転用され、大日如来を頂点に置く仏たちのヒエラルキーは当時の社会階層の転写です。ユダヤ教、キリスト教の唯一神には遊牧民の家父長の姿が投影されています。神々や霊界がどのように存在しているかは、文化によって演出され脚色されてきました。

社会の身分構成で首長・族長が頂点だった弥生時代には、近隣山奥や海の彼方の離島に死者たちの村があって、死者はひっそりとそこに暮らし、時が満ちればこの世に孫や曾孫として再度誕生してくると考えられていました。

豪族が登場して地域国家的世界になると、死後の世界も地域国家的広がりへと拡張されます。王や権力者は死後も王や権力者でいなければならず、彼らがそのように振る舞えるよう身支度を整え、死後の霊をパワーアップするのが、子孫の務めになりました。王や豪族は平民を凌駕するパワーの体現者と考えられていたので、彼らは死後も子孫を守るよう期待されました。したがって埋葬儀礼、墳墓の造営は手抜きできない重大事でした。

棺に敷いたり遺骸をまぶす辰砂（丹生）は霊魂をパワーアップするための強精剤のようなものであり、管玉・勾玉は神秘的なパワーの世界と死者を結ぶ物実（パワーオブジェクト）であり、車輪石・鍬形石などの碧玉製品は死者の身分の証しだったことでしょう。なにかと話題が多く、いまだその目的がはっきりしない銅鏡は、僻邪の物実であるのと同時に通貨のような役割があったようでもあります。

勾玉・管玉の玉作り工房では、滑石・蠟石といった軟らかい石を使って、祭祀用の刀や鏡などをまねた石製模造品、子持ち勾玉などが大量に制作されました。石製模造品は祭祀のためにだけ用いられて、日常生活でアクセサリーになることはなく、墳墓にも副葬されませんでした。

継体天皇の時代以降、後期古墳時代になると、石製模造品を使用した祭祀の形態が廃れていきます。既述したように継体天皇は越前・近江に出自があります。北陸地方では石製模造品を大量に製造しながらも、それを祭祀に使用した証拠となる祭祀遺跡の出土が極端に少ないと資料にあります。日本海側と王朝所在地の近畿では祭祀の方法も異なり、王朝の交替によって、日本海側の文化が近畿に浸透していったり、継体朝に特有な百済との親交の影響もあって、ヤマト王朝の宗教儀礼は脱勾玉へと進んでいきました。

勾玉がテーマなので、視線は勾玉に固定されがちですが、古墳時代には勾玉と同じほど、管玉は呪術的価値の高い品でした。水晶・瑪瑙では丸玉や切り子玉ビーズも制作され、滑石・蠟石でさまざまな石製品が作られました。ガラス製の勾玉・管玉・小粒ビーズなども制作されました。これらが朝廷の管理のもとに各地へ配付されていきました。

①管玉

管玉は長さ十ミリから四十ミリほど、直径約三ミリから十ミリの太さ、細長い円筒形で長軸の中心に孔が開けられていて、多数を紐で連ねてネックレスやブレスレットに用いられました。単数または複数の勾玉を管玉の間に挟めば、神話でアマテラスの胸を飾った勾玉ネックレスやブレスレットになります。現代では天然石ビーズは丸玉を使うのが一般的ですが、弥生・古墳時代には管玉が主流でした。

管玉は古代中国の内モンゴル自治区の紅山文化や、江南地方、浙江省の良渚文化で愛用されたものが発端になっています。時代の推移から見ると原点は紅山文化にあり、良渚など長江下流域の古

古墳時代のいろいろな天然石製品

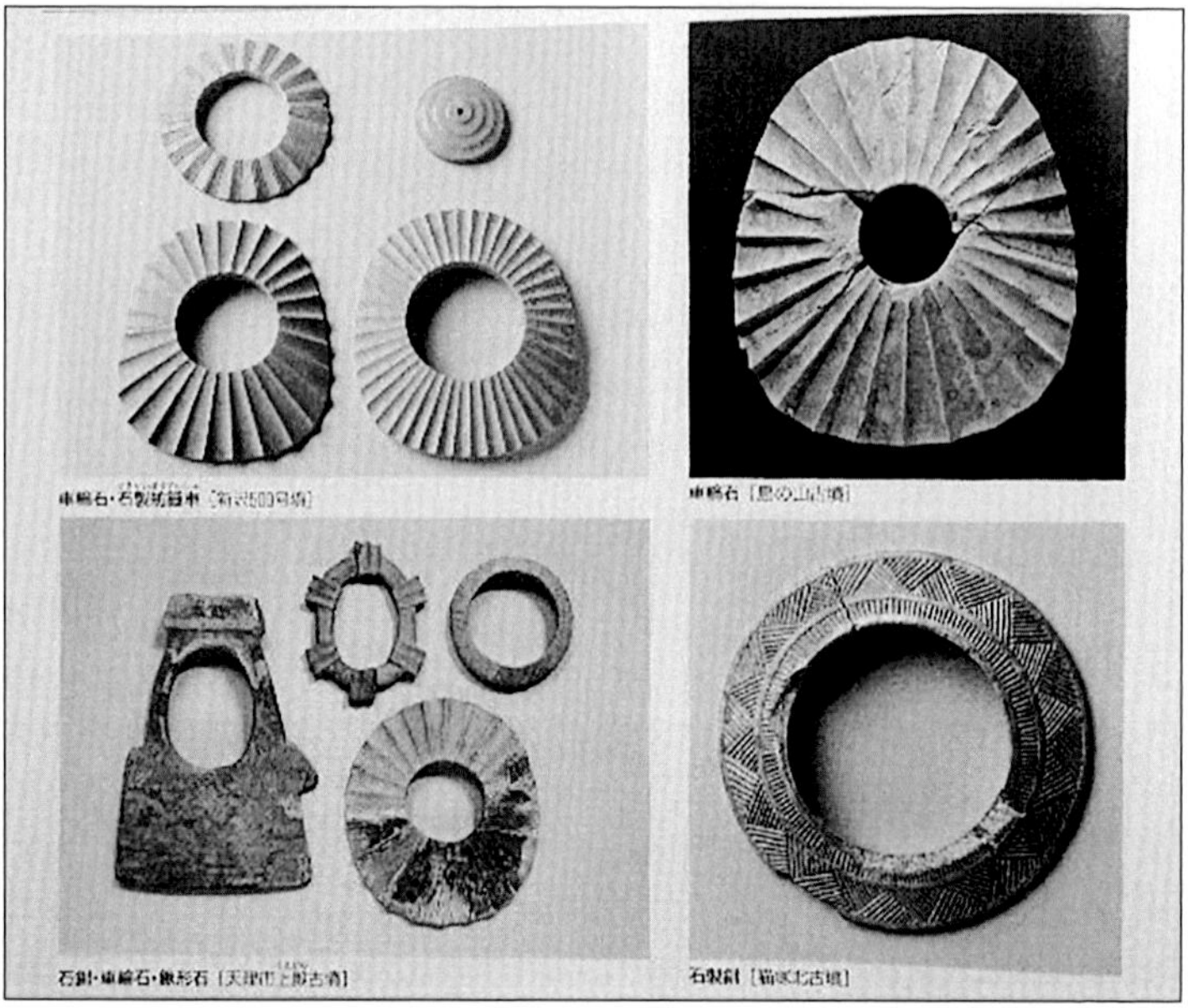

貝製品を模した車輪石・石釧・鍬形石などが、勾玉や銅鏡とともに古墳に副葬された（「大和まほろば」展図録〔奈良県立橿原考古学研究所付属博物館、1998年〕から転載）

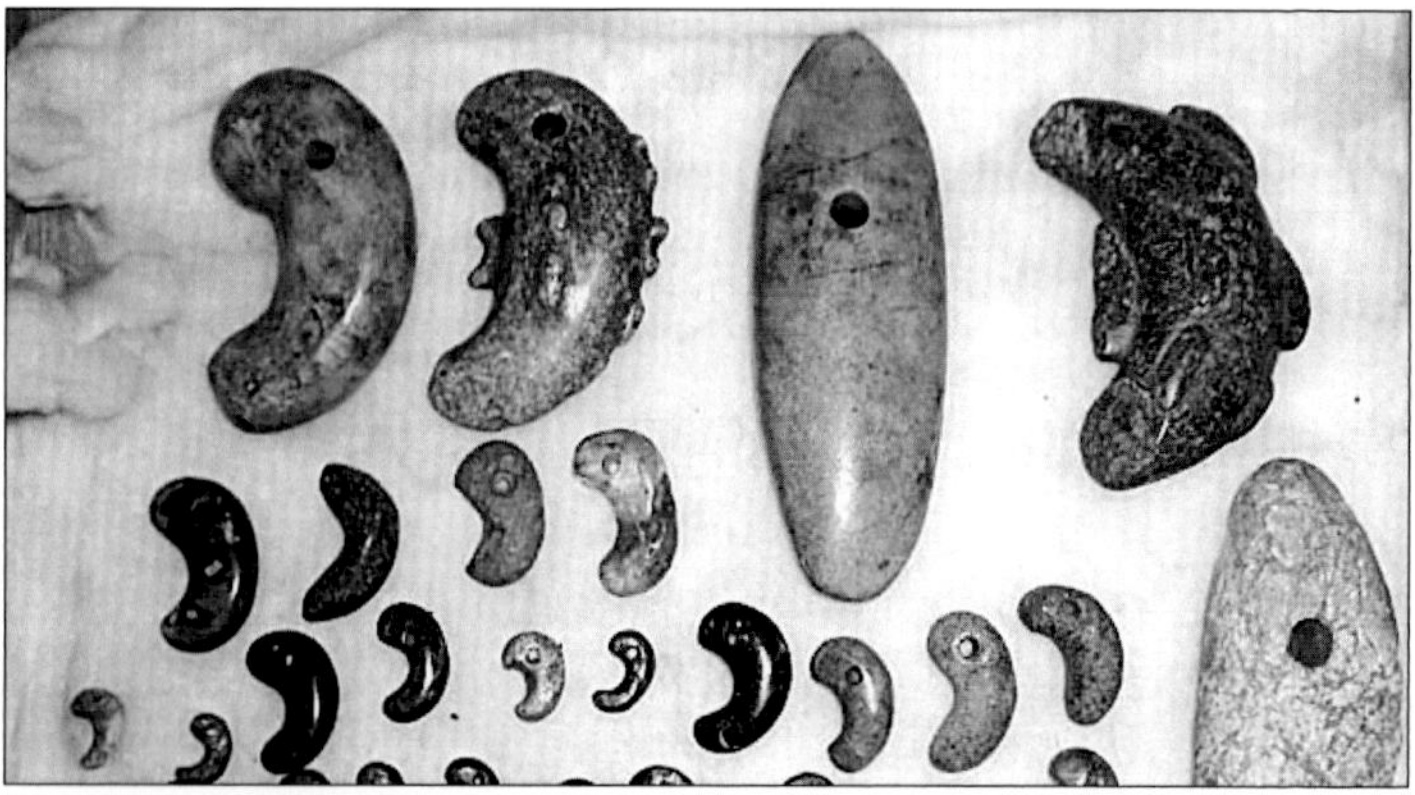

長野市松代町玉依比売命神社所蔵の子持ち勾玉、上右端と左から2つめ（写真提供：ミャンマーヒスイ専門店・株式会社ジョイテック）

滑石・蠟石などで制作された鏡・剣・勾玉などの模造品。祭祀に使用された（「宗像沖ノ島展」図録〔出光美術館発行、1977年〕表紙から転載）

韓国慶州地区の天馬塚古墳から出土したヒスイ勾玉付きの黄金製冠（『新羅の古美術』〔韓国国立中央博物館編集、学生社、1975年〕から転載）

代文明に伝播したものが、呉・越の民によって山東半島を経由、朝鮮半島から北部九州に持ちこまれたと推測できます。

日本では弥生時代から古墳時代中期にかけて、おもに山陰・北陸地方の河原などで採集できる緑色凝灰岩（グリーンタフ）を原料に制作されました。出雲では現地産の瑪瑙・碧玉・水晶を使用する玉作り工房が開設され、勾玉とともに碧玉製管玉が制作されるようになったほか、弥生時代の一時期には佐渡で原地産の赤茶色のジャスパー（佐渡赤玉）を用いた管玉が作られました。

緑色凝灰岩は海底火山からの火山灰が海底に堆積凝固したもので、成分の雲母や角閃石などが熱水によって緑泥石に変成されています。碧玉はグリーン・ジャスパーのことで、現代では出雲の花仙山産と瓜二つの風合いのものがインドで産出し、日本に輸入されてきています。グリーン・ジャスパーに赤い斑点が散ったものがブラッドストーンです。日本の考古学ではグリーン・ジャスパーとグリーンタフを区分けせず、ひとまとめにして碧玉とよぶ傾向があります。

古代の日本列島は豊葦原中津国とよばれていたほど湿地が多く、葦が繁茂する土地柄でした。丘陵地は夏にはむせかえるほどの緑に覆われていました。植物の緑色を生命力の発露と見なし、葦の若芽（あしかび）は生命力の象徴とされていました。

植物は枯れるけれど、岩石に凝集された生命力である緑色は不変です。竹に似せて円柱形に整形された碧玉の管玉には、あしかびのパワーが強く宿っていると考えられていました。

仏教が伝来し、平城京が建設されて奈良時代が始まるまでの間に、勾玉と一緒に管玉も消滅していくのですが、『万葉集』には竹玉（珠）というものが読みこまれた歌があって興味をそそられます。

一八三ページで紹介するように、管玉はより制作が容易な竹玉に姿を変えて奈良時代へと残っていったように思えます。

②車輪石・鍬形石・石釧

車輪石・鍬形石・石釧は古墳時代の前方後円墳や服飾文化に関心がないかぎり、目にすることがない天然石製品です。

ホラガイのような南海産の大きな巻き貝を輪切りにして腕輪とする風習は縄文時代に始まり、弥生時代に受け継がれました。日本ヒスイや黒曜石が交易品として遠路運ばれたのと同じように、貝輪は沖縄など南の島々から北部九州や近畿、関東地方に運ばれました。南九州の隼人という種族が貝輪の交易に従事したと考えられています。

初期古墳時代には、貝輪の形を碧玉や緑色凝灰岩で模した天然石製品が高塚式墳墓に多数副葬されます。これらは副葬のための専用品で実用品ではなかったとされています。古墳時代の人々には、特別な思いいれが貝輪型石製品に対してあったようです。石の貨幣の一種であるようなので、被埋葬者の縁者が香典として贈ったとも想像できます。

鍬形石は農具の鍬の形に似ていて、ゴホウラ（護宝螺）の貝輪をモデルにしています。ドーナツ部分にスポーク状の線が彫られた車輪石はオオツタノハ、石釧はイモガイをモデルにしているといわれています。

そのほかにも、琴柱《ことじ》形石製品という碧玉製品でY字形をした不可解な石製品なども副葬されました。『記紀の考古学』（森浩一、〔朝日文庫〕、朝日新聞社、二〇〇五年、三三五ページ参照）には、船形埴輪に付けられた「石見型立物」という琴柱形石製品に酷似した柱状製品のイラストが掲載されています。これから想像するに琴柱形石製品は、古代の神道で神々の依り代となった忌杖の頭部だったようです。

③子持ち勾玉

中期古墳時代に作られるようになった特異な勾玉に子持ち勾玉という大ぶりの勾玉があります。奈良や大阪などの近畿地方と、群馬・長野・茨城などの関東地方を中心に、おもに祭祀遺跡から出土します。墳墓に副葬されたり、人々の装飾品として用いる品ではなくて、祭り専用の供物だったと推定されています。

勾玉は四センチを超えれば大型の部類になるのに、子持ち勾玉は長さ八センチを超えるものが珍しくなく、大半は滑石・蠟石など加工しやすい石で作られています。ずんぐりむっくりした三日月形をしていることが多く、どこかナマコを連想させます。腹や背に複数の四角っぽい突起を付けたり、小さな勾玉状のものを突出させた意匠となっています。形態的に小さなものは作りにくかったこと、加工しやすい軟らかい石を選んでの制作、装飾品ではなかったことで、大ぶりでも不都合ではなかったと思われます。

子持ち勾玉という名称は明治時代に付けられたもので、古墳時代にどうよばれていたかはわかっていません。子持ち勾玉と名付けられたことで、さざれ石が巌《いわお》に育つとか、石もまた子を生む、という伝説と合わさって、勾玉が子供勾玉を生むとする説が有力になっています。あるいは古代には異なる解釈があったかもしれません。

④石製模造品

石製模造品は滑石・蠟石を用いて制作した祭祀用具の模造品です。おもに有孔円盤・剣型品・玉類の三者の組み合わせが主体で、それぞれが銅鏡・剣・勾玉や管玉を模したものです。出土品には人・船・馬・鳥などの図象も含まれています。

神々・祖霊への祈願は、王に頼みごとをするのと同じ手順でおこなわれました。まずは上座に招き、酒肴でもてなし、恭順と服従を誓って証しの供物であるフトミテグラを捧げてから、願いごとを述べるという順序です。不具合があればたちまち祟りがあることを覚悟しなくてはなりません。

真心こめて祈れば神・仏に通じるという現代的な考えは古代には通用しませんでした。アマテラスの岩屋籠りの神話で語られているように、神々の前で腹蔵がないことを示すのが肝要で、いわば神々への全面降伏が必要不可欠でした。祭祀と軍事と政治の三つの権力を神々にゆだねて表決を仰ぐのが祭祀の骨格で、勾玉・剣・銅鏡は三権を象徴していました。これらの模造品を七夕の笹飾りのように、榊の枝に結んでフトミテグラとし、祭りのたびごとに神々に捧げ、神々と人間との関係性が再確認されました。

これら石製模造品は祭祀遺跡から出土します。継体天皇以前の古墳時代には神を祭る聖域はあっても、神々が常駐する神社がない時代でした。祭祀は沖縄のウタキ（御岳）のような鎮守の森や、聖域である山や巨岩などを前にする至聖所、前方後円墳の周囲などでおこなわれました。

祭祀遺跡としてつとに名高いのが、玄界灘のほぼ中央に位置して、宗像大社三宮の一つとなっている沖の島で、朝鮮半島との往来が盛んだった古墳時代中期の数々の祭祀跡が発掘されています。遺跡からの採集品として石製模造品や子持ち勾玉、金製馬具、日本ヒスイ勾玉などがあげられ、四世紀後半から六世紀ごろにかけての遺品だけでも二万千余点を数えるといいます。

10◆政府直営玉作り大規模工場の出現

古墳時代の玉文化については特記事項が二つあります。一つは中期古墳時代に奈良に大規模な玉製品制作工場が作られたこと、ほかの一つは、日本ヒスイ勾玉が交易品として大量に朝鮮半島に輸出されたことです。一説では一万五千個以上の日本ヒスイ勾玉が交易のために朝鮮半島に送られたといいます。国内でのヒスイ勾玉流通が手薄になり、出雲産の碧玉（出雲石、グリーン・ジャスパー）や瑪瑙、水晶などの勾玉でこれをおぎなったようにも思えます。

政府直営の大規模な玉作り工場は、倭の五王の勢力が強かった時期、五世紀後半から六世紀前半にかけて、奈良盆地の南部、現在の橿原市曽我町に誕生しました。曽我遺跡として知られていて、蘇我氏が配下の忌部氏に運営させたとみられています。

出雲や北陸・紀伊などの地方から碧玉・水晶・緑色凝灰岩・滑石・蠟石などの原石を運びこみ、多くの工人を集めて各種の玉製品や石製模造品を制作しました。日本ヒスイ原石も出土していますが量は少なく、勾玉類はあまり制作されなかった模様です。日本ヒスイ勾玉は原産地の北陸、おもに糸魚川を中心とする富山・新潟の県境地方で作られ、瑪瑙・水晶類の勾玉はおもに出雲で作られ、それらを朝廷が一括管理していたと考えられています。

曽我遺跡に関して驚くのは出土品の量の多さです。『古代王権と玉の謎』（森浩一編、新人物往来社、一九九一年）所収の「大和の玉作り」（関川尚功）によると、遺跡を発掘して収拾した出土品の総数は約千百万点、玉類の未成品八十五万点、総重量約五トンとあります。これらを収拾するために表土を約五千六百トン（十トン積みトラックで五百六十台分）採取して水洗いしたそうです。それでも発掘した場所は全体の十分の一程度とのことです。考古学には執念と努力も重要ながら、必要経費をまかなう政治力も必要なのだと感嘆してしまいます。

当時の大和王朝にとって、玉類や石製品は塩やたばこの専売並みに実入りがいいビジネスであり、これらを専売することで宗教的統一を強固なものにできました。朝廷の金庫番だった蘇我氏は、これらの産業や朝鮮半島との交易によって財力を蓄え、のちには朝廷をしのぐほどの権力を掌中にしていきます。

11◆日本ヒスイ勾玉は交易品として輸出された

十年ほど前、上野の博物館で『韓国の名宝展』が開催されて、新羅の古墳から発掘されたヒスイ勾玉付きの王冠を見ました。王冠は金の板を継ぎあわせて造られていて、鉢巻き状のベースの中央と両側、三方に「出」の字形に似て横棒が三本の立て飾りがつけられ、いたるところに、キラキラ揺れるスパンコール風金の薄片とともに三センチ大の緑色したヒスイの勾玉が、「こんなに多数を一度に見たことはない」ほどたくさん飾られていました。

日本の研究者たちはこれらのヒスイ勾玉は、すべて国産のもので、倭の五王の時代に交易によって朝鮮半島に渡ったものだと考えています。

「皇南大塚北墳という韓国で一番大きい、長さ百十メートルの新羅の古墳からは、七十七個の勾玉が付けられた王冠が出土している。瑞鳳塚、天馬塚、金冠塚などの古墳出土の王冠には、四十個とか、五十個、六十個近いような数の日本ヒスイ製勾玉が付けられている」（門田誠一「古代韓国の玉文化」〔森浩一編『古代翡翠道の謎――シンポジウム』所収、新人物往来社、一九九〇年〕参照）

「朝鮮半島の南部の既発掘と未発掘の古墳に埋蔵されている硬玉製曲玉は一万五千ないし二万以上の数が推算されます。百済地域と伽耶地域をふくめるならもっと多数の硬玉製曲玉が算出されます」（李殷昌「韓国の玉文化」〔前掲『古代王権と玉の謎』所収〕参照）

日本では多数の古墳が天皇や皇族の陵墓に指定されて発掘されないままですが、ひょっとしたら古墳に埋蔵されている日本ヒスイ勾玉の総量は、日本よりも韓国のほうが多いかもしれません。

当時の日本は鉄の需給を輸入に頼らざるをえませんでした。鉄の国内生産は弥生時代の終盤、または初期古墳時代に始まったとされています。供給が需要に追いつくには時間がかかりました。倭の五王たちはどうしても朝鮮半島の鉄がほしかったのです。松本清張説によれば、弥生時代には朝鮮半島南端にも倭人が暮らしていたので、そこに地歩を築いて軍隊を送り、新羅や百済相手に付いたり離れたりしながら鉄の交易を目指し、対価としてたくさんの日本ヒスイ製勾玉が輸出されていったということになります。

古墳時代の中期、国内で墳墓に副葬するヒスイ勾玉の量が減っていった時代に、朝鮮半島へと大量の勾玉が運ばれ、同時に、畿内の巨大古墳に鉄製品の埋納が激増したのには、こうした事情があったと考えられています。国内で品薄となったヒスイ勾玉を補うかのように、出雲では花仙山で採掘される碧玉や瑪瑙、水晶を使った勾玉が量産されるようになり、近畿や関東地方に流通していきます。

第6章
列島の中国化で勾玉衰退
日本ヒスイ勾玉の衰退は継体天皇の時代に始まる

1 古墳時代の文明開化で勾玉は落ち目になる

崇神に始まり、応神、仁徳とつづき、雄略天皇のとき、大王たちの活躍ぶりは頂点に達して、皇統は出自も感性も異質な継体天皇に引き継がれていきます。

縄文時代以降つづいてきた日本列島独自の日本ヒスイへの信仰はここにきて一挙にゆらぎ、流行が終焉していくときのあの素早さでもって衰退していきます。

それは奈良時代の始まり（七一〇年）から数えて約二百年前、聖徳太子の時代から数えるなら約百年前の出来事です。

雄略天皇（在位四五六—四七九年）の没後、継体天皇が即位するまでのおよそ四十年間、政情不安定だった時期に、富山・新潟の県境地方での玉作りは、ヒスイ勾玉や石製模造品作りを含めて終了し、曽我の玉作り工房も終息します。墳墓の副葬品から緑色凝灰岩製の管玉がなくなり、石製模造品や子持ち勾玉を使った祭祀もおこなわれなくなります。勾玉文化は継体天皇以降消滅への道を歩むことになります。

『倭の玉器――玉つくりと倭国の時代』（河村好光、青木書店、二〇一〇年）という専門書には以下のようにあります。「東国玉つくり集団はこの間に消滅する。関東では滑石単独製作遺跡がわずかに残るが、碧玉などの玉材を用いる玉つくりが復活することはなかった。糸魚川・宮崎海岸、南近江は、滑石単独遺跡も含めて途絶える。この結果、古墳副葬品から細長型碧玉管玉が六世紀に入って消え、その半ばまでに滑石玉つくり製品もほとんど姿を消す」（同書二七二ページ）

「瑪瑙・碧玉・水晶勾玉は、ひきつづき出雲で製作されこの地から供給されている。（略）畿内と東国玉つくりの衰退は、出雲玉つくりに打撃とはならず、むしろ東国の玉に代わる出雲の玉をいっそう広げる契機となったと考えられる。事実、六世紀後半になると、片面穿孔碧玉管玉、瑪瑙・碧玉・水晶勾玉、水晶切子玉の組合わせが本州諸島の隅々に広がり、後期古墳に副葬される玉は、伝世品とみられるヒスイ勾玉、東海地域の蛇紋岩製勾玉などの少数品を除き、ほとんど出雲の玉で占められていく」（同書二七三ページ）

「玉の供給源として倭国に独自の地位を占めた出雲も、七世紀後半になると玉つくりを確認できなくなる」（同書二七六ページ）

2◆継体天皇と東アジア・グローバリズムの嵐

古墳時代後期には急激に世の中が変貌していきます。その画期となった継体天皇は、それまでの皇統とは異質な天皇でした。

彼は皇統も出身地も遠くからやってきた天皇で、物部氏などの要請で天皇に即位したものの、葛城氏など擁立に反対する豪族もいて、大和入りして都を磐余《いわれ》に構えるのに二十年（ほかの説では七年）要したといいます。最終的には武烈天皇の妹・手白香《たしらか》皇女を皇后に迎え、天皇家に婿入りして都入りしました。『日本書紀』どおりの年代ならば、西暦五〇七年に五十七歳で即位、八十二歳で死去した、壮年になってから活躍した天皇です。

継体朝のきわだった特徴は、彼の治世に日本列島の東アジア・グローバル化が一気に進んだことにあります。それは古墳時代の意識革命ともいえる出来事で、以後、中国文化が価値基準となり、日本は大中華に対して小中華のように振る舞うようになっていきます。

『日本書紀』の継体朝の記事の大部分は朝鮮半島、特に百済との出来事が占めています。朝鮮半島の西側に位置する百済は、北を高句麗に、東側を新羅に押されて苦しい立場にあって、大和王朝に対して何度もいろいろな援助を求めてきます。その過程で、大和王朝は任那《みまな》四県を百済に割譲したり、新羅と結託した北九州・筑紫の豪族磐井の反乱に手を焼いたりします。

けれど文化的には、百済から五経博士を送られたことが大きなきっかけとなって、古墳時代の文明開化といった様相を呈していきます。五経は『易経』『詩経』、『春秋』（春秋時代の歴史書）など最重視されていた五種の学問です。これらを導入することで、大和王朝は東アジア・グローバリズムの仲間入りができて、東の端の野蛮な国から脱却できました。葬送儀礼の整備、皇統記（帝紀）の編纂、物部氏・大伴氏などという「氏《うじ》」の名の成立、部民制による政治体制の合理化、身分階層の確立、などが実施されたといいます。

『記』『紀』の年代は明確さを欠いていますが、継体天皇の人物像として、越前・近江の出身であるために若狭などに居住していた渡来民と親しく、若狭から山陰沿いに北部九州の豪族との交流もあり、皇位に就く前に尾張氏の娘を娶っていたなど、壮年になるまでに財力・武力を蓄え、なおかつ東アジアの国際情勢に詳しかった統治者としての姿が浮かびます。

装飾品では雄略天皇の時代につづいて、大陸色の濃いきらびやかな冠や、鍍金・金銀細工の装身具、ガラス製ビーズなどが愛用されたことも特徴の一つです。明治維新のとき、忽然と入ってきた西欧文化がまばゆくて、旧来の価値観や文物が一気に色あせてしまったように、石製模造品や子持ち勾玉はとたんに土くさくなり、勾玉や管玉はやぼったくなってしまったと想像できます。葬送儀礼の整備にともない、神道祭祀は道教化していって、榊に稚拙な石製模造品をつり下げて振りかざしたり、神懸かって踊ったりすることが、野蛮な行為に感じられるようになっていきました。

継体天皇がそれまでの神道祭祀に対して保守的な立場にいなかったことも、日本列島が文明開化していった理由の一つにあげられます。宗教的にはアマテラス信仰はこの天皇の時代に盛んになったという意見や、当初アマテラスは男神だったという意見があります。

継体朝を契機に、百済経由の中国文化が、明治維新や大正デモクラシーに比肩できるほどの勢いで大和に流入してきました。帰化人とその子弟や子孫が官僚や有力豪族の部下となって働き、養蚕業・農業・土木建築・医薬などの産業の先端をになう時代が到来しました。文字を書いて読んで考えることができる「文化人」が誕生し、「舶来品信仰」が強調されて、百済伝来のモノでなければクダラナイと思われるようになりました。

古代史研究家としても有能だった松本清張は、『清張通史4　天皇と豪族』（講談社、一九七八年）に、「六、七世紀ごろの畿内における帰化人系統の比率はどうかというと、『新選姓氏録』などの研究から推定してみて、だいたい二〇パーセントから二五パーセントとなろう」（六九ページ）と書いています。

都大路を異国の衣服で着飾った人々が行き交い、異国の言語が飛び交う、艶やかで派手でにぎにぎしい異文化を乗せて、東アジア・グローバリズムの大波が列島を浸し、旧来の日本文化は急速に田舎くさいものになっていきました。

3◆古墳時代の意識革命が勾玉文化への打撃になった

これまで勾玉の衰退は、仏教の伝来によって旧来の神道が圧迫されたからだとか、飛鳥時代に貴族の服装が中国化されたからだとか、大化改新にともなう薄葬令によって玉類を墓に副葬できなくなったからだ、といわれてきましたが、大きな曲がり角は、この古墳時代の意識革命にあったと思われます。

原初の神道は巫女や霊媒に降りた神の託宣を遵守する信仰でした。鹿の肩甲骨を焼いてできるひび割れに神の意図を読む太占《ふとまに》へと神託を受ける方法が変わっていき、政治《まつりごと》は神を祭って指針を仰ぐのではなく、人間が自分の頭脳で考えて統治するようになり、神は祭り上げられ、願いごとを奏上するだけで返答を乞わない「祈りの信仰」に変わってきました。

権力者たちが文字の読み書きを学んだことも、近代的自我の発達をうながす原因の一つになりました。書かれた文字や数字によって情報を収集し整理できるようになると、合理的に思考する態度が評価されるようになり、損得勘定も精度を高めていきます。

継体朝に至るまで、勾玉は祖霊のパワーを招くパワーオブジェクトとして機能してきました。そのために祭祀権の象徴となりえたのですが、朝廷による中央集権化が進み、各地の豪族の力が削がれるにしたがって、勾玉を介しての祖霊たちとの結びつきも弱まっていきました。

日本ヒスイ製勾玉の終焉は、朝鮮半島から鉄を輸入する必要がなくなり、交易品としての需要が減ったことが大きな原因だったと推測できます。

先に紹介したように、継体天皇の時代に糸魚川・越中宮崎海岸地方での日本ヒスイ勾玉制作は終了しました。出雲での瑪瑙・碧玉・水晶勾玉は引きつづき制作され、聖徳太子の時代あたりまでは、古墳に副葬されたり、社会的階層をあまり問わずに愛用されました。『日本書紀』には、第三十五代・皇極天皇（天智・天武の母、在位六四二―六四五）のくだりに、以下のような記述があります。

「この月、国内の巫女たちが、木の枝葉を折りとって木綿をかけ、大臣が橋を渡る時をうかがって、競って神がかったお告げのことばをのべた。その巫女が非常に多かったので、よく聞き分けられなかった。老人たちは、『時勢が変わろうとする前兆だ』といった」（宇治谷孟『日本書紀──全現代語訳』下〔講談社学術文庫〕、講談社、一九八八年、一五〇ページ）

継体天皇よりも百二十年から百三十年あとの記事ですが、ここでは大臣（蘇我蝦夷）は、旧来の神がかりや占いによる神託に重きを置いていません。各地の巫女が大臣に直訴しようと、肩巾《ひれ》（呪術用スカーフ）を掲げて踊っても、いっこうにありがたみがなく、時代遅れにしか見えません。

神々のお告げを信じて異論をとなえず、お告げに従って祭りごと（政治）をおこなう古代からの統治方法は雄略・継体朝を機に近代的自我に道を譲っていきました。このあと日本列島の古代史から勾玉が消滅していく過程は以下のように進んでいきます。

①仏教が伝来し、死後の世界が極楽浄土に変貌したことで、神道の呪力が弱まり、勾玉文化の魅力も色あせていった。

②大化改新に伴ってだされた「薄葬令」によって、大規模な墳墓を築造できなくなり、副葬品も規制された。

③古来からの「玉《たま》」への信仰は、仏教伝説の如意宝珠や、道教的な不老不死の霊薬としての「玉《ぎょく》」と同一視されるようになった。『万葉集』では勾玉を詠んだ歌が見当たらない。『記』『紀』でも「玉《たま》」と「玉《ぎょく》」は混同されていて、ニギハヤヒの十種の神宝や日向三代の例など、本来は勾玉であるはずなのに、形状の知れない玉《ぎょく》の扱いを受けている個所が多々ある。

④勾玉関連書籍で、最後の勾玉活用法として例にあげられる仏塔の礎石への埋納や観音像の宝冠への荘厳は、勾玉信仰のためというよりも、すでに不用品だったものを供出したような雰囲気がある。

⑤勾玉文化が衰退したあとで、出雲だけは、国造が交替するごとに朝廷に詣でる「出雲神賀詞奏上」という行事を開始して、天皇に水晶・赤瑪瑙・碧玉の勾玉を献上した。

4◆仏教伝来で死後の世界は豪華絢爛な天国に変わった

継体天皇の次世代・欽明天皇の五五二年に百済から仏教が公伝しました。受容するか否かで一悶着あって、最後は崇仏派の蘇我氏が排仏派代表の物部氏を武力で倒して、仏教は日本列島に根付いていきました。聖徳太子が摂政を務めた推古天皇の時代のことです。

勾玉文化に仏教が与えた影響について検討すると、仏教の信仰のために勾玉が放棄されたというアイデアには、論理的に首肯できないものがあります。

大乗仏教は原始仏教とインドの土着信仰が融合した宗教なので、キリスト教やイスラム教などの一神教と違って、他を排除しない傾向があります。たとえば観音はインドでシヴァ神と融合して両性具有者になり、中国では道教と習合して女神に転じて、日本では猫までが化身とされて招き猫になったように、他を包みこんで信仰を広めていくのが特徴です。

勾玉文化の視点から見るなら、仏教の伝来は勾玉の衰退に拍車をかけることになったが、それによって、勾玉が強制的に遺棄されたり、旧来の信仰だった神道が排除されたり、抑圧・弾圧されはしませんでした。神道は国の主宰者であり神主の頂点に立つ天皇や地方の司祭者である豪族の存在理由だったので、神道を捨てて仏教徒になるという二者択一は、この国ではもちえなかったのです。けれどそれまで死者を冷遇してきた神道に対して、仏教は田舎のド真ん中にショッピングセンターが建設されるのと同じほど賑々しく派手だったので、聖徳太子ならずとも、世間虚仮仏道真実（世間はうざったい、仏教だけが真実だ）という気分にならざるを得ませんでした。

古い時代の神道では死者は山奥や地下にある死者たちの村で静かに暮らして、時がたつと子孫の家に生まれ変わってきました。それに対して仏教は、死後に待っているのは絢爛豪華で一切の苦しみがない極楽であると吹聴しました。死者たちの村は観音霊場として再開発され、祖先全員が観音に救済してもらえるとあってはなおさらです。

こうして、誕生・成人式・結婚式など、生きている間の神事は神道でおこなうが、死者の祭りは仏教に任せるという、日本独自の宗教の住み分けができていきました。

また仏教の仏は日本に伝来した当初から金ピカな像に宿っていたので、この人形を遠来の賓客同様に扱うための疑似宮殿が必要となり、世話係の尼僧や僧が選ばれました。ちなみに日本で最初の出家は三人の尼僧で、彼女たちは仏教版采女《うねめ》でした。

仏が寺院に常駐するようになって、神道の側でも神々のための神殿が建てられ、当時の宮殿を模して拝殿が足されるようになりました。神道で神殿に居住する神々を拝殿から拝むようになったのは仏教の伝来以降と新しいのです。

「官社とされた神社に対する、国家による社殿造営の命がはじめて正史に現れるのは、天武十年（六八一）のことだ。『日本書紀』のこの年正月十九日の条に「畿内および諸国に詔して、天社《あまつやしろ》地《くにつ》社《やしろ》の神の宮を修理《おさめつく》らしむ」とある」（岡谷公二『原始の神社をもとめて——日本・琉球・済州島』〔平凡社新書〕、平凡社、二〇〇九年、九三ページ）

5◆古代最後のヒスイ勾玉は寺院の心礎に埋納された

こうした歴史の推移とともにヒスイ勾玉は忘れられていくのですが、最後の姿として以下の二つの出来事が知られています。勾玉を墳墓に副葬する習慣が寺院への寄付に変わったとする意見もありますが、こうした勾玉活用法は家庭にあった不用品の供出としたほうが妥当です。

「五九三年。奈良県明日香村の飛鳥寺（法興寺）では、塔の心礎に仏舎利を納める儀式が挙行された。仏舎利荘厳具のほかに、勾玉・管玉・金環・銀環など、参列者たちの装身具類があわせて埋納された。飛鳥寺の建設は五八八年に始まり五九六年に完成」（宇野俊一ほか編『日本全史——ジャパン・クロニック』講談社、一九九一年、八二ページ）

飛鳥寺は、蘇我馬子発願による本格的な伽藍を備えた日本最初の仏教寺院です。東洋にはブッダの遺骨・仏舎利を信仰する風潮があって、仏塔はブッダの遺骨を崇拝するために建てられてきました。仏塔はブッダの象徴的な身体です。日本では仏塔は五重塔などに形を変えていくのですが、塔の中心となる柱の底に仏舎利（白瑪瑙などで象徴する）といくらかの金銀財宝が埋められることがありました。飛鳥寺の場合は、そこに三つの勾玉があり、一つはヒスイ製とされています。

飛鳥寺の建設から五十年ほどして、蘇我家は馬子から蝦夷《えみし》を経て入鹿《いるか》の代になり、乙巳《いっし》の変で彼は誅殺され、「六つからいい土地もらえる大化の改新」が始まります。大化二年（六四六年）には薄葬令がだされ、社会的身分別に墳墓も大きさや築造工事の日数が規制され、墳墓への玉製品の副葬もままならなくなります（薄葬令は持統朝にだされたとの説もあります）。

明治・大正時代に着物から背広にフォーマルウエアが変わっていったように、聖徳太子の時代ごろから、中国式服装が公式の衣服になっていきます。天武天皇の息子世代の墓とされる高松塚古墳（八世紀初頭前後）の壁画には、当時の宮廷の人物たちが色鮮やかに描かれていましたが、中国風の衣服で着飾った彼女たちの髪や胸に勾玉はありません。

「八世紀中頃に作られた東大寺三月堂（法華堂）の本尊・不空羂索観音の頭を飾る宝冠には硬玉ヒスイ、琥珀、水晶、真珠などで作った二万数千個の玉がちりばめられており、その宝冠に八個の硬玉ヒスイの勾玉が垂下してあるのは名高いことである」（森浩一『日本神話の考古学』〔朝日文庫〕、朝日新聞社、一九九九年、一一一ページ）

とはいっても、そこに飾られた勾玉や真珠、天然石ビーズの類いは、信仰心一義に荘厳したのではなく、善男善女が持ち寄った供出品であるように見えます。勾玉文化は継体朝で流行が終わり、聖徳太子の時代に衰微していったので、そこから眺めるなら八世紀なかごろはおよそ百五十年後になります。このあと検討する『万葉集』がそうであるように、この時代には勾玉は忘れられていました。

6◆『万葉集』には勾玉を歌った歌がない

日本ヒスイや勾玉の歴史を、①縄文時代は考古学的出土品を中心に、②神話時代は『古事記』を中心に、③崇神天皇以後の古墳時代は『日本書紀』を中心に眺めてきました。『万葉集』を置き去りにしてきたわけで、興味あらたに『万葉集』に向かうと、ここでは勾玉文化はすっかりと忘れられていて、「勾玉」という単語さえ目にできなくてうろたえてしまいます。

折口信夫の『万葉集辞典』(折口博士記念会編、〔『折口信夫全集』第六巻〕、中央公論社、一九七二年)には、「勾玉」や「八尺瓊《やさかに》」の見出しがありません。『万葉集事典』(中西進編、〔『万葉集――全訳注原文付』別巻、講談社文庫〕、講談社、一九八五年)の初句索引を調べてもこれらの語句を見つけられません。『万葉集』には勾玉を読みこんだ歌がないのです。『万葉集』で出会う玉は道教・仏教的な宝玉《ほうぎょく》の表現ばかりです。『万葉集』編纂の時代、奈良時代後期の日本人には、勾玉の記憶と中国大陸の「玉《ぎょく》」、仏教伝説の「宝珠」が一つにあわさっています。

周知のように中国大陸には七千年以上昔から、ネフライト(軟玉ヒスイ)を最高の宝物《ほうもつ》(玉《ぎょく》)としてきた歴史があります。漢代あたりまで璧・琮《ソウ》など特殊な玉器は王侯貴族以外には禁制の品でした。中世になって玉製品は貴族たちの嗜好品へと変わっていきますが、これらは交易品に選ばれはしませんでした。東夷《とうい》(東の蛮族)の国・日本列島に伝わりようがなかったのです。その一方で仏教伝説の「如意宝珠」があこがれの的になっていきました。

かくして当時の日本人は玉製品の実物にふれる機会を得ずに、玉《ぎょく》を神秘的な宝物として思い描き、そのイメージと勾玉の記憶とが結びあわさって、『万葉集』やそれ以降の時代の昔話に語られる玉《たま》ができていきました。仏教経典に出てくる金剛はダイアモンドの漢訳ですが、ダイアモンドが何であるかを知らなかったために、金剛を浄土の超金属と思いなした仏教伝説に似ています。

この時代は、大化改新の主役だった天智天皇（六二六―六七一）と、壬申の乱を経て中央集権国家を誕生させた天武天皇（六三一―六八六）からおよそ百年たっています。両天皇の治世に日本文化の中国化は一段と拍車がかかり、律令制国家への基礎固めがなされ、相反して勾玉文化が消滅していきました。百年という年月は約三世代に相当します。旧来の文化が新しい文化の下層に塗りこめられていくのに十分な長さでした。

7◆ヌナカワの底なる玉に不老不死を願う

『万葉集』にはヌナカワの地名を織りこんだ歌が一首あって、日本ヒスイの関連図書では、ヒスイの歌として紹介されていますが、既述してきたような視点で再度「ヌナカワの底なる玉」を思いなすと、従来とは異なる解釈も生まれてきます。

この歌は『万葉集』でも古層に属するとのことなので、作者は北陸・越《こし》のヌナカワ（姫川）でかつて宝玉が採れたことを伝え聞いていて、それを神仙思想の霊薬と同一視していたように思えます。正倉院御物に残るヒスイ勾玉を知っていたかもしれないし、あるいはここでのヌナカワは「ヌ（宝石）の河」の意味で、天の川を指しているだけのことかもしれません。

この歌は現代という時代にも深刻なテーマとなっている「老い」を哀しむ歌です。「ヌナカワの底なる玉」は、『万葉集――全訳注原文付』第三巻（中西進校注、〔講談社文庫〕、講談社、一九八一年）には以下のようにあって、長歌＋反歌に、類似のもう一首を加え、三つでひとまとまりの構図になっています。

三二四五　天橋《あまはし》も長くがも　高山の高くもがも　月読の持てる変若水《おちみず》
い取りきて　君に奉《まつ》りて　変若《おち》しめむはも

三二四六（上の歌の反歌）　天《あめ》なるや　月日の如く　わが思える君が
日にけに老ゆらく惜しも

三二四七　沼名川の底なる玉　求めて得し玉かも　拾いて得し玉かも
あたらしき君の　老ゆらくおしも

三二四五の歌は、「天への橋がいかに長かろうと、高山がいかに高かろうと、月へと昇って、不老不死の水をとってきて、君に捧げ、老いていくのを止めることができたら、どんなにかいいことだろう」といった意味です。

君《きみ》は豪族・貴族などの領主、あるいは夫かもしれません。歌の読み手は社会的身分が高い男性の妻、または側近の者でしょう。

天の橋は天に通じる橋。たとえば海に沈む夕日を眺めます。海に照り映える黄金色した光の筋が水平線まで伸びていきます。眺めているうちに意識が変性して、自分一人だけが世界の果てで海を眺めているような気持ちになると、落日の光跡は突如として立ち上がり、天に向かい太陽に結びつく天橋立に変わります。

月に不老不死の霊薬があるという伝説は道教の月の女神・嫦娥《じょうが》由来のものでしょう。インドではシヴァ神が所有する不老不死の霊薬ソーマは月に蓄えられています。「変若水《おちみず》」は若返りの泉の水。後世の日本では熊野信仰や若狭の辰砂と結びつきました。

三二四六の歌は三二四五の反歌で、「月日の移ろいは天の定めなんだから仕方がないだろうが、私の大切な方が老いていくのは忍びえない」という意味です。

三二四七は、「ヌナカワの底にあるという玉（宝石）はお金を出せば買えるものだろうか、探しにいけば拾えるものだろうか、このうえなく立派なわが君が老いていくのが惜しくてならない」と解釈できます。作者は大切な主人がいつまでも若々しくあるよう願っています。

沼名川はヌナカワで奴奈川地方の川、新潟県糸魚川市の姫川を指すとされています。ヌナカワの底にある玉はヒスイで、この歌が詠まれた時代には、ヒスイがなんであるのか忘れられていて、道教的な不老不死の霊薬である「玉《たま》」と同一視されています。

古代から中世にかけて中国では、玉《ぎょく》は不老不死の霊薬、精力回復の回春剤と信じられていて、ネフライト（軟玉ヒスイ）やアクチノライト（透緑閃石）を煎じたり、粉末を服用すれば、老いても精力が衰えないと信じられていました。そのためアクチノライトは陽起石というポルノチックな和名がついています。ネフライトとアクチノライトは同一鉱物で、アクチノライトの結晶粒子がごく細かいものをネフライトとよんでいます。

古代の日本人は中国の伝説の玉《ぎょく》を知っていても、現物を知らなかったので、本物のネフライトやアクチノライトが越の姫川河原や近辺の海岸で採集できても、それが玉《ぎょく》であることに気づけませんでした。

8 出雲神賀詞奏上が勾玉文化最後の輝きだった

既述してきたように六世紀前半の継体天皇の時代に、日本ヒスイの勾玉制作は終了し、朝鮮半島にも運ばれなくなり、七世紀後半の天武天皇の時代に出雲での水晶や瑪瑙を使用した勾玉制作もおこなわれなくなります。

ところが奈良時代が始まった八世紀前半の七一六年に宮廷行事として勾玉の献上が突如復活してきます。世の中的には都大路を往復しても、もはや勾玉で胸元を飾る人を見つけられようがない時代の出来事です。

この事件は出雲神賀詞奏上として知られています。出雲の国の首長で出雲大社の司祭だった出雲国造(役職名で、くにのみやつこ、と読む)が新任するごとに朝廷に挨拶に出向き、朝廷の繁栄を祈願し、恭順を誓うための行事で、朝廷が要請したものではなく、出雲国造の発案によるとされています。

出雲神賀詞奏上は七一二年の『古事記』完成と、七二〇年の『日本書紀』編纂のほぼ中間の七一六年に始まります。それまで出雲東部の意宇に住んでいた出雲国造果安が、西部の杵築《きづき》に転居して、出雲大社の祭主となり、上京したのが最初です。神賀詞奏上は百数十人の神職を動員し、白馬一頭、白鳥二翼、水晶・赤瑪瑙・碧玉の勾玉計六十八枚、など、多数の献上品を整える大行事でした。『延喜式』に残る神賀詞には、白水晶のように天皇の髪が白くなるまで長寿であられますように、赤瑪瑙のように、天皇のお顔があかあかと輝くほどご壮健であられますように、碧玉の色合いをした淵のように平らかに国が治まりますように、などとつづられています。伝説の初代天皇・神武天皇に、王朝が永久に栄えることを願って、櫛明玉命《くしあかるだまのみこと》が勾玉を捧げたという神話がここでは再演されます。朝廷側にとっては日本列島の土地の神々・国津神を、天から降臨した祖先神が征服した歴史の再確認になりました。

なぜ七一六年という年代にこうした儀式が始まったかについて、少し毛色が変わった歴史学者・鳥越憲三郎の説と古代史研究の台風のような梅原猛説では、以下のようになります。

①『古事記』で大国主命は、自分が隠居するための巨大な神殿を出雲に作るよう要請して国譲りする。
②けれど実際には出雲の杵築に勇壮な神殿はない。藤原不比等の音頭取りで、朝廷は急いで神社を建築して、出雲国造果安を祭主にすえた。歴史書の掲載が最初にあって、それに合致するよう環境整備したのが出雲大社建立ということになります。
③出雲側にとって、朝廷の特別扱いに迎合すべく、お礼として神賀詞奏上をするようになった。

神道は悠久の昔から信仰されていて、神社は超古代からあるという思いこみのもとでは、出雲大社とて、社殿が建設されてから千三百年ほどしかたっていないとする説はなじみにくいものであるけれど、この説には歴史的な整合性があります。

出雲神賀詞奏上は大和朝廷の権力が衰退していく平安時代末期までつづきました。けれど、世代交代ごとに一度だけのイベントは、朝廷にとってさほど意義あることではなかったようで、勾玉ブーム再燃の呼び水にはなりませんでした。やがて神賀詞奏上中断とともに出雲の玉作部もなくなり、ついには勾玉文化そのものが日本の歴史から失われていきました。

それが復活するのは江戸時代に国学ブームが起きてからで、日本ヒスイの勾玉が再度制作されるようになったのは、戦後の高度成長時代以降のことです。復古趣味や郷土の民芸品としてではなく、古代のスピリットを備えたパワーオブジェクトとしての勾玉の再誕はさらにのち、ニューエイジの風潮のなかで、古代が新しい意味をまとってよみがえってからのことになります。

9◆『万葉集』の竹玉は碧玉製管玉の進化系?

『万葉集』に勾玉を読みこんだ歌を見つけられなかったように、奈良時代には勾玉はすっかり忘れられてしまいます。出雲国造が神賀詞奏上にともない朝廷に勾玉を献上しても、万人が注目するものではありませんでした。

『万葉集』に勾玉を探してかわりに出会ったのは竹玉（竹珠）という管玉に似た神々への供物でした。竹製品は遺物として残りにくいので、それが管玉の代用品だったのか、あるいは弥生時代に管玉が伝来したとき一緒に伝わったのか、定かにはできないだろうし、『万葉集』よりあとの平安時代にこれらがどうなったのかもわかりません。ともかくも竹を管玉状に切ってたくさん連ねたものを神々に捧げるという歌が四つ五つあるので、神祭りの形式として竹玉は特異なものではなかったと推測できます。その例は以下のとおりです。

三七九　ひさかたの天《あま》の原より　生《あ》れ来たる　神の命《みこと》
奥山の賢木《さかき》の枝に　白香《しらか》つけ　木綿《ゆふ》とり付けて
斎瓮《いわいべ》を　斎《いわ》ひほりする𛀁　竹玉を　繁《しじ》に貫き垂れ
鹿猪《しし》じもの　膝折り伏し　手弱女の　おすひ取り懸け　かくだにも
われは祈《こ》ひなむ　君に逢はぬかも

おすひ（襲衣）は衣服の上にはおる打ち掛け。白香は不明、麻の繊維もしくは白い糸状の苔かもしれません。遠く高天原からいらっしゃった神様。山奥からとってきた榊に、白香《しらか》や木綿を飾りつけ、お神酒が入った瓶を据えつけ、たくさん連ねた竹玉を捧げて、鹿や猪のように膝を屈して座り、打ち掛けをかむって、このようにお祈りします。あの方に会わせてください。

三二八四　菅《すが》の根の　ねもころごろに　わが思える妹に縁りては
言の障《さへ》もなくありこそと
斎瓮《いわいべ》を　斎《いわ》ひ掘り据ゑ
竹珠を　間なく貫き垂れ　天地《あめつち》の　神祇《かみ》をそ
吾《あ》が祈《の》む　いたもすべなみ

「菅《すが》の根」は「ねもころごろに」にかかる枕詞で、水辺の草の菅の根のようにからみあってねんごろな仲で、相思相愛を意味しています。歌の大意は「愛する人への非難（または呪詛）が実現してほしくないと、お神酒を入れた壺を地面に掘り据え、竹珠をたくさん垂らし捧げて天地の神に祈った。ほかにはどうしようもなくて」というふうになります。

ここでは神に祈るのに神社に詣でていません。斎瓮《いわいべ》を掘り据えるとあるので、磐座《いわくら》などを前にした斎庭《さにわ》の地面に穴をうがって先の尖った壺（瓶）を据え、壺にはお神酒を入れ、竹玉をたくさん連ねたネックレスのようなスダレのようなものを捧げて神に祈っています。榊と同じように竹玉が神々への供物だったことをうかがわせます。

竹玉が古墳時代に大流行した石製模造品を連想させるところが、なんとも興味深い点です。一五三ページに記したように、管玉は植物の緑の生命力にあやかって持ち主をパワーアップするよう緑色凝灰岩や碧玉（グリーン・ジャスパー）で制作されました。ネックレスやブレスレットにする際、多数の管玉が必要になるわけですから、弥生・古墳時代を通じて制作された管玉の量は勾玉のそれをはるかにしのいでいます。

『万葉集の考古学』（森浩一編、筑摩書房、一九八四年）所収の「竹珠と木綿」（瀬川芳則）という項には、「タイ北部の山岳民族アカ族では、笹竹を裁断して作った管玉形の竹珠ばかりを連ねたネックレスを首にかけていた」とあります。

タイ北部の山岳民族は雲南の少数民族に近く、長江下流域の古代民族百越の子孫である場合が多くあります。日本列島に水田稲作をもたらした弥生人と無縁ではありません。

古墳時代から奈良時代にかけて、庶民レベルでは竹玉ネックレスが愛用されていて、榊と同じように、緑の生命力を捧げるために神々への供物にされたと想像できなくもありません。

話題変わって、明治・大正時代に活躍した鳥居龍蔵（一八七〇—一九五三）という考古学者で探検家の自叙伝『ある老学徒の手記』（岩波文庫）、岩波書店、二〇一三年）に以下のような記事があります。「明治二十年代、沖縄・宮古島では、細い竹を管状に切断したものを幾つも紐に通したネックレスを女性が付けていた。私は思うに、この竹管は我が上代の管玉の原始的のもので、その竹の色の緑なるは、管玉の緑色と同一である」（二〇四ページ参照）

明治時代になっても、日本列島の辺境の土地に竹製の管玉が残っていたというのはエキサイティングな出来事と思います。

第7章

家父長制崩壊と勾玉の復活

女の呪力が回復する現代に勾玉もまた復活した

1◆人類は呪術を学んで賢くなった

古墳時代の先祖にとって、勾玉は神秘的なパワーの宿りであり、それによって不運・災難から自分や家族を護ってもらうための物実（お守り）でした。彼らは勾玉を介して祖霊たちとつながり、現実世界と精神宇宙が互いに浸透しあっていた日々をパワーにくるまれて過ごしました。勾玉はまた、死者の霊が子孫を守るよう期待して権力者たちの墳墓に副葬されました。こうした思いは私たちが神社のお守りをバッグに忍ばせたり、お札を神棚に飾るのと似ています。大きな違いは彼らにとってパワーの世界はリアルな現実だったということです。

勾玉にほんとうにパワー効果があるか否か、あるいはどうやって効力を発揮するかは、「呪術」について基本的な知識がないと理解できません。神秘的ことがらへの知識がないまま勾玉やお守りの効力を論じても、信じる信じないの話で終わってしまいます。

勾玉にまつわる呪力を追っていくと、勾玉消滅のもう一つの理由である「女たちの呪術の形骸化」に出会うことになります。中国文化と仏教の受容、律令制の確立といった従来の意見より、こちらのほうが勾玉文化衰退についていっそう大きな背景だったようにも見えます。そこで、ひとまずは呪術について概観することにします。呪術は人類最初の思想であり、人類が知性化されたときに始まりました。ここでの呪術は私たちが口にする「呪い」とはかなり意味が異なります。

2◆呪術の発生と発展八つのステップ

呪術の発生と発展には、日本列島への旧石器時代人の移住に限っても三万年ほどの歴史がありま す。概略を把握すると、日本ヒスイの勾玉がいっそう意義深いものに思えてきます。言葉を変えるなら、私たちの心のなかで古代がよみがえり、心はもともと備わっている気力、つまり元気を生かせるようになるからです。

①神々の出現

西欧であればトナカイやクマ、日本列島ではシカ、イノシシ、イルカ、サケなど猟と漁の獲物は、洞窟の女神や山の神様、海の主宰者などが生んで人間に与えてくれる。そういうふうに感じるところから人類のスーパーナチュラルな存在への感性が養われていったと思われます。

日常的な世界のすべてもまた、神秘的な力によって生みだされている、というふうに感じた人類は、目で見て触れられる日常的な世界を包みこむ、さらに大きな向こう側を夢想するようになりました。

現実の世界は、こちら側よりももっと大きな実体から開きだされてくることになりました。こちら側は人間の世界であり向こう側は精霊や死者の世界になりました。やがて「神」という概念が発見・発明されて、向こう側は神々の世界として理解されるようになりました。ここでの神々はキリスト教的な創造主とは異なっていて、シャーマニズムの精霊たちに近似した神々です。

日本では明治時代にキリスト教の造物主を、神道の神々と同じ「神」と翻訳してしまったために、神の概念に混乱が生じたままになっています。一神教の造物主と多神教の神々は出自も違えば行動様式も違っていて、似て非なる存在です。現代の日本では、神道的神々について一切教育しないようにしているので、子供はもとより教師も親も「神」がなんだかわからなくなっています。

②呪術の誕生

こちら側のことごとくは向こう側から開きだされてくるという考え方は、こちら側をかくあるように存在せしめている鋳型は向こう側にある、こちら側のはかなさに対して向こう側こそ真実であるという世界観を育てていきました。

こちら側の人間には、向こう側は触れられず、目に見えず、理解することができない超越世界であり、こちら側は向こう側から漏れ出てくる神秘的なパワーによって生気を与えられている仮の世界である、という宇宙観が発達していきました。

そうしてここに呪術が登場します。向こう側からこちら側の事物が生みだされる過程に、人間が干渉できるなら、こちら側はいくらかは人間が望むような形になるという思いこみです。

たとえば、ⓐ雨を支配する神々に思いを伝えるなら干天に慈雨を招ける、ⓑ狩りは獲物を授けてくれるよう生みの女神に祈願・要請することで、はじめて獲物を得られる、ⓒうだつの上がらない人生でも向こう側のパワーを招聘できるなら勇者・勝利者になれる、ⓓ恋の成就を祖霊に願うなら、相手は自分に首ったけになる、ⓔ憎い相手をおとしめるよう守護神に願うことで、憎い相手は凋落する、などというように、呪術は人間たちの現世利益を増大させるマインド・テクノロジーとして発達していきました。

③呪術の基本的思考法

意識を波動にたとえるなら、向こう側は日常的な意識状態よりも振動数が高く、高密度で純化された状態にあります。元来は精緻・清浄なものが、こちら側へと開きだされてくるにしたがって粗雑・不浄になるというのが呪術的物質観で、神・仏は高周波で振動する純粋な存在ということになります。日常的に神・仏・祖霊を感じられないのは、私たちの意識状態が彼らの波動・周波数にチューニングされていない、ないしはチャンネルが合っていないためです。

呪術では呪術師が向こう側の存在とコミニュケーションするために、意識を向こう側と同じレベルに変性させることが要求されました。そのため呪術師の養成には、日常的意識状態を破って向こう側へと自分を移行させていく修行が重んじられました。近代合理主義の感性では理解しえないことがらです。

④呪術のテクノロジー

現代では呪術というと、敵をのろう、嫌いな相手をおとしめる魔術としてしか理解されていないのですが、本質的に呪術は、こちら側の未来が自分たちに都合がいい結果になるよう祈念するための技法で、そのために、目的に応じた神や仏などの霊的存在を招き、あれやこれやの供応をして、彼らの言葉で話しかけ、ある種の商取引をするという構造になっています。「呪」の漢字は口＋兄からなっていて、兄は頭が大きい人の意味。神々に言葉で願う技術です。

呪術の基本は念力を強化して、物質世界に影響を及ぼすという超能力的発想にあるのではなく、向こう側の存在に願望実現を要請することにあります。

呪術は向こう側の霊的存在と交流できる能力があり、そのための知識がある者がおこなってこそ効力がある技法なので、古い時代から専門化し、力がある呪術師が育てられてきました。仏教や神道、世界各地の土着宗教などの呪術的な仕様は、外観は異なって見えますが、基本原理は同じです。

こちら側の未来を自分たちに都合のいいように整えるためには、向こう側に属している神秘的パワーをこちら側で活用できるよう加工することも大事で、パワーを受けるアンテナとなるモノや向こう側のパワーの宿りとなるモノなどはパワーオブジェクトとして尊ばれ、お守りとされてきました。勾玉は日本列島の水田稲作文化のなかで発展した最も強力なパワーオブジェクトです。

⑤男と女の呪術の分化

長かった狩猟採集時代を通じて、おもに男は獣を狩る狩猟に、女は植物性食糧や小動物を集める採集に食糧獲得の手段が分化し、男たちの間では狩りの呪術が、女たちの間では採集のための呪術が発展していきました。呪術は妨害をおそれ秘儀を重んじたため、入門儀礼を必要とし、たくさんのタブーをもつことになり、男たちの狩猟呪術は男たちだけで、女たちの呪術は女たちだけで守られていきました。

狩猟採集時代という名称から受けるイメージほどには、この時代の食糧における獣の肉の割合は高くなかったといわれています。男たちは家族にご馳走を提供するのと、近隣の同類たちと戦争するのが主だった役割で、常日頃は女たちが集めてくる食糧によって養われていました。

男たちは狩りの呪術なくして獲物を得られず、戦争の呪術なくして敵に勝利できず、女たちは採集のための呪術なくして穀物・根菜類・果物などの食糧を手に入れられませんでした。蜂蜜を取るためには蜂蜜採集の呪術が必要でしたし、恋の成就には恋人獲得の呪術が不可欠でした。

⑥生殖の原理と呪術の躍進

狩猟採集時代を通して連綿とつづいてきた呪術は、「生殖の原理」の発見によって根本的に組み替えられました。性交・妊娠・出産というプロセスを経て生命が再生され、死によって見えない世界へと引き戻されていくという生殖の原理は、人間・獣・植物ばかりでなく、宇宙の理解の仕方にも適用されました。これによって、自分たちが暮らしている世界のもろもろの事象を一つの原理で説明できるようになり、大きな視点から男と女の呪術が統合されていきました。

日本での水田稲作にまつわる呪術、宗教的儀礼のすべては生殖の原理によって構築されています。生殖の原理の発見は、道具や火の活用を覚えたのと同じほど革命的な影響力を思考に及ぼすようになりました。人類はセックスの道理に目覚めたことで知性化に拍車をかけたのです。

⑦農耕呪術と母系社会

自生した穀物やイモ類の周囲の雑草を抜くなど、食用植物の群生を保護したところから農耕技術が組みたてられていきました。原始農耕社会では、農耕のための呪術に採集呪術が援用され、農地や農具にともなう祭礼・儀式は女性の役割になりました。こうして農耕社会で母系文化が発展していきました。

母系社会は家父長制社会の女版というわけではありません。近代社会での男の役割を女が果たしたのではなく、農耕呪術を中心に女が祭事を仕切ったことに特徴があります。

一家一族を繁栄させるための呪術は女にゆだねられていて、農地・農具は女の財産として母から娘に継がれていきました。必然的に結婚の形態は婿入り婚となったのですが、男には集落内外でのもめごとの調停や一家一族の財産の保護など、武力を頼みとする役割があり、母系社会だからといって男が女に従属していたわけではありません。

農耕に男が参加するようになったのは、鋤鍬などの農具が発達し、牛馬を耕作に使役するようになって農地の生産性が増大してからのことです。農耕呪術も変化して男の司祭が祭事を執行するようになりました。

やがて農耕民の間から牧畜民が枝分かれしていきます。牧畜社会では男の呪術だけが特化し、反作用として女の呪術をおそれたことから、女たちは抑圧・蔑視され、族長が権力者となる家父長制が構成されていきました。

牧畜民が登場して数千年後、多くのケースでは気候の寒冷化と遊牧地の砂漠化などが原因で、遊牧民が大河流域の農耕民社会を侵略・征服するようになり、多民族が混交し、権力者に富が集中する古代都市が誕生していきます。メソポタミアやギリシャなどが代表的な例です。専制君主の誕生によって、神話も王侯貴族社会を投影したものに変じていきました。

⑧両系制と家父長の役割
弥生時代から古墳時代にかけての日本列島では、農耕にまつわる女の呪術はヒメヒコ制といわれる政治形態を生み、大王（天皇）が豪族の娘を宮廷に召す采女《うねめ》の制度によって、ヒメヒコ制は瓦解させられ、朝廷の呪術一本に統一されていきました。これが次節で話題にする勾玉衰退の大きな理由です。

男たちの武力が世を席巻していく時代が到来すると、母系社会は変容せざるをえなくなります。男たちの発言力や指導力、政治力に重きが置かれるようになり、古墳時代から奈良・平安時代にかけてみられるような両系制へと変貌していきます。

母系社会では呪術的主導権は一家の長たる母にあります。政治的権力は母の兄弟、娘から見るなら伯父が握っていました。伯父は婿入り先では役立たずな存在でしたが、いったん実家に戻ると権力者として振る舞ったといいます。

両系社会では、伯父の役割を母の夫、娘の父がになうようになります。父親は一家の主役である家長に出世します。婿入り婚は維持されますが、婿入りした男は嫁の父である家長に政治的・財産的援助を受けたのちに独立していきます。

古代大和王朝の大王（天皇）家だけは、両系社会にあとから参入した職能のためか例外扱いを受けていて、婿入り婚に影響されながらも婚家に暮らすことはなく、最初から嫁を娶り、王家＝朝廷内で神事に従事していきます。このあたりが、奈良・平安時代の貴族たちの暮らしぶりの背景です。娘を皇室に嫁がせた外戚たる豪族・貴族が政治的実権を握っていくのは、こうした婚姻制度あってのことです。いまでは娘の嫁ぎ先のお家事情に男親が口出しするのはお節介の度がすぎることですが、蘇我氏も藤原氏もそうやって朝廷内での権力者のポジションを確保していきました。

3◆勾玉文化の背景にはヒメヒコ制があった

このような経緯のもとに古墳時代は過ぎていきました。そうしてここに向こう側とこちら側を結ぶ社会形態として、日本列島ではヒメヒコ制とよばれる文化が育っていきました。

政治を古い言葉で「まつりごと（政）」というのは、神祭りをして得た神託を首長・豪族が統治の要とした時代があったことの名残です。向こう側こそがリアルであり、こちら側は鏡に映った虚像のようなものなので、人間の判断よりも神々の指示のほうこそ真実という解釈です。

既述してきた理由で、神託を受けるのは女の役割で、彼女たちの基本形は神妻・巫女であり、統治は女の兄弟が担当しました。『古事記』『日本書紀』にはこうした姉妹・兄弟は、ワカヒメ・ワカヒコというようにヒメ・ヒコの名前でよばれることが多いので、この形態を便宜的にヒメヒコ制とよんでいます。古代には首長・豪族たちはすべてがヒメヒコ制のもとにあったというわけではなく、そういう形態があったということです。

勾玉は個人のお守りとしてよりも、これら巫女と神官・行政官が向こう側のパワーを引き出して自分をパワーアップする呪具として意義があったように思います。そうであったからこそ、勾玉はヤマト王朝だけではなく各地の豪族が祖先を祭る祭祀権の象徴となりえたのでした。

アマテラスのウケヒの項でふれたように、「ヒ」は霊を指し、ヒメ（媛・姫）とヒコ（彦）は神霊・祖霊を宿した女と男の意味になり、同じ語彙ではヒ（霊）が身体のうちにとどまった存在がヒトです。チとヒは同じ意味なので、稚児はチ（霊・祖霊）が憑いた幼児。神社の神事に使われるチガヤはチ（霊）が憑くカヤ（茅《かや》）で、稲魂の依り代。稚児行列は幼児に神々やその眷属が憑霊して巡行する祭事です。

ヒメヒコ制では邪馬台国の卑弥呼が最適な例で、卑弥呼は日（霊）巫女。神妻なので終生独身でした。楼閣に一人暮らして、他者に会わず、鬼道に仕え、弟にだけ神託を伝えるとあるのは、母系社会的な女呪術師の姿です。古代中国では「鬼」は死者・祖霊を意味したので、卑弥呼は祖霊を信仰していたと考えられています。

ヒメヒコ制では、崇神天皇の次の天皇、垂仁天皇紀によく引き合いにだされる物語があります。垂仁天皇の皇后サホヒメにはサホヒコという兄がいて、兄は自分が天皇になろうと企て、サホヒメに天皇を刺殺するようそそのかします。サホヒメは彼女の膝枕で眠る天皇の首を刺そうとしますが、どうしても実行できません。

古代には女の呪術の延長で、「うけひ寝」という夢占いの方法があって、妻の膝枕でうたた寝することで、彼女から霊的パワーを得て夢を手段に神からの伝言を授かりました。小さな蛇が首に巻きつく不思議な夢を見たという天皇に対して、サホヒメは謀反の企みを白状してしまいます。天皇はサホヒコを征伐するために軍隊を差し向け、夫と兄への愛に板挟みになったサホヒメは、心千々に乱れながらも兄との籠城を選び、ついには焼死してしまいます。

姉妹兄弟の間には血のつながりだけでは解釈できない霊的紐帯があることに注目して、柳田国男はこれを「妹の力」とよびました。

女の農耕呪術が家を繁栄させるので、兄弟は姉妹の呪力の庇護下に入ることになります。姉妹のパワーを受けて兄弟は活力を得る、その活力は兄弟の運気・運勢を高めて家運を隆盛させていく、といった「妹の力」は沖縄では「おなり信仰」に発展していきました。姉妹・叔母を介して神的パワーがおなり（おいで）になるとする信仰です。妹に巫女（神妻）としての性格が強い場合は、未婚のまま生涯を終えるので、女の呪術的守護力は母の姉妹から娘の一人へと継がれていきます。叔父と姪は政治的つながりであるのに対して、叔母と姪は霊的に結びつきます。

4◆ヒメたちを招聘することで朝廷の列島支配が進む

『記』『紀』に見る天皇の年代記では、古墳時代初期の崇神・垂仁・景行天皇などの時代にヒメヒコの名が多く現れ、古墳時代中期から後期にかけては、豪族の娘であるヒメを天皇に献上して、ヒメヒコ制を解体させる采女《うねめ》の時代に移っていきます。

女の農耕呪術が盛んだった土地に父系制の王国を築いた初期ヤマト王朝が、応神・仁徳・雄略天皇などの登場で統一国家に変化していった過程と、ヒメヒコ制の解体・采女の登場は合致しています。たとえば『日本書紀』の履中紀には、謀反に連座して斬首されそうになった倭直吾子籠《やまとのあたいのあごこ》という人物が、妹日野媛を貢ぐことで罪をまぬがれたという記事があって、これを采女の始まりとしています。

雄略天皇の時代には、酒宴の席で粗相をした采女が天皇の怒りにふれ、その場で斬り殺されようとしたとき、采女はとっさに天皇を称える歌を詠んで命拾いしたという話や、一夜だけの交わりで女子を産んだ采女を天皇が疑い、家臣に諭される話などがあります。

采女は宮廷に彩りを添える女たちの意味で、当初は大王（天皇）の食事の世話をすることがおもな職務でした。国元で神に仕え、神の世話をし、神が望むならば夜伽《よとぎ》した巫女としての仕事がそっくりと大王相手に転嫁されたのです。

ヤマト王朝としては、豪族たちが祭る神々が自分勝手な神託を下ろすのは非常に困るわけで、神祭りを一元化する必要に迫られていました。その手段が機会あるごとの豪族つぶしや、巫女を召して豪族の神祭りを無効にしてしまうことでした。采女の献上にはほかに、天の象徴である大王（天皇）が地の女の采女と交わることで大地の豊饒さを再生する、聖婚儀礼を伝承する必要もあったようです。

大王に献上され、ほかの者には指一本触れることが許されなかった采女は、当初は神化した大王の神妻のようでした。采女との密通を疑われただけで殺された男たちが何人もいました。けれど古墳時代も後期になって、経済重視社会へと価値観が移行していくと、采女の聖性も薄れていきます。

古代の天皇はいうまでもないことですが、一夫多妻でした。天智天皇の時代には皇后が一人、妃《ひ》として皇族の女性二人、夫人《ふにん》として三位以上の貴族の女性を二人、嬪《ひん》として五位以上の女性を四人、都合九人を公的な妻にできました。彼女たちの生活費は国庫から支給されました。采女は妻として認められない存在でした。天皇の色好みが穀物の豊作と国家の繁栄をうながすと信じられていたので、天皇は数多くの女性と交わるよう期待されていました。

天智天皇は采女の一人を藤原鎌足に与えています。『日本書紀』ではその采女は妊娠していて、のちに生まれたのが藤原不比等であると、不比等を貴人化する物語になっています。この天皇は別の采女に産ませた身分の低い子を、当時の慣習を破って皇太子にしました。それが原因で古代史最大のクーデターである壬申の乱が起きました。

さらに時代が下ると、采女の身分は後宮の下級職員へと低下していきます。巷では、神社の巫女を采女とよぶようなことも始まって、女の呪術が男に霊的パワーを与えるという精神世界的解釈は、男性中心社会のなかで粗雑・猥雑・即物的な解釈をされるようになり、門前町の売春婦を指すようになっていきます。

まとめるならば、原始農耕社会での女の呪術は、男たちが農耕に参加し、近隣集落との戦争に明け暮れるようになって変貌していきます。男が女よりも社会的に優位な立場をとるようになり、両系制社会へと移行していきます。さらにはヒメたちが采女として朝廷に招聘されることで、女の呪力は「妹の力」として男たちの陰に隠れていきます。

この過程は勾玉文化が栄えて消失していく過程に重なり、巨大前方後円墳が衰退していく過程にも重なります。継体天皇あたりに始まり、蘇我馬子・聖徳太子を経て、天智・天武天皇へと至る時代に、農耕呪術を下敷きにした精神原理が社会を牽引していくことがなくなり、近代的自我による経済重視の社会が形成されていきました。勾玉は「妹の力」的な文化に属していたために、新しい文化から無視され廃れていったように見えます。

5◆古代から千五百年後に勾玉が復活したことの不思議

『古事記』と『日本書紀』には銅鐸について一言もふれられていません。同じように『万葉集』には「玉」にふれた歌はあっても、勾玉を詠んだ歌がありません。奈良時代以降勾玉はすっかり忘れられたようで、江戸時代も終わりごろになって国学が盛んになるまで興味の対象になることはありませんでした。

国学者たちに『古事記』が読まれるようになると、勾玉は神代の遺物として骨董品趣味の人たちに愛玩されるようになります。幕末の北方探検家で「北海道」の名付け親として名前が残る松浦武四郎（一八一八―一八八）という人物が収集した骨董品の数々が三重県松阪市の松浦武四郎記念館に残されていますが、それらを見ると、彼の時代に作られた瑪瑙や碧玉の勾玉があって驚かされます。江戸時代末期や明治時代には、国学や骨董趣味な人たちの需要を満たすよう出土品を模した勾玉が制作された模様です。

それからもう少し時間がたって、新潟県糸魚川地方でヒスイ原石が再発見され、ついで一九五五年に産地の一区画が国の天然記念物に指定されると、戦後の高度経済成長期の日本列島総観光地化のあおりもあって、日本ヒスイは新潟・富山県境地帯の特産品になります。ヒスイはコシヒカリやトチオトメのように糸魚川ヒスイというブランド名でよばれたりしました。

日本ヒスイをはじめ、ビルマヒスイやそのほかの天然石の勾玉が流行して、今日のようにたくさんの人たちが勾玉ファンとなり勾玉をコレクションするようになったのは、インターネットショッピングが消費の一形態となってからのことです。それも懐古趣味や地方の特産品としてではなく、勾玉にスピリチュアルな意味を求める人が増えたからです。ここ十年ほどの間に作られた勾玉の総量はおそらく古墳時代の数倍あって、この現象は勾玉文化の復活といってもいいことがらです。

それにしても、日本ヒスイ勾玉の制作が放棄されてからおよそ千五百年間、その間、糸魚川地方の海岸にはそれまでと同じようにヒスイ原石が打ち上げられていたのに、それが話題にならなかったのはとても不思議です。なかには誰が見ても宝石のように美しいものもあったはずなのに、戦後に姫川の支流小滝川でヒスイ原石が確認されるまで、ヒスイは神隠しにあったかのように話題になることはありませんでした。

たまにきれいな石を拾う人はいても、磨けば高価な「玉」になるという知識がなければ、きれいな石は宝石へと成長していきません。社会的発言力のある人と日本ヒスイは出会うことがなかったことが大きな原因でしょう。世の中の移り変わりの根底には見えない意図のようなものがあって、人々の潜在意識がそれを必要とするときに、それまで見過ごされていたものが価値あるものとして実体化してくるようです。

6◆勾玉文化は現代によみがえりたがった

勾玉文化の消滅と現代への復活には因果関係のようなものがある、そう考えると、勾玉を積んだ列車が時空のトンネルに入り、約千五百年後にトンネルから出てくる情景が浮かびます。トンネルに入ったのは母系社会が男文化に覆われていった時期で、トンネルから出てみたら男社会は疲弊しきっていました。

再三述べてきたように、勾玉が廃れていった古墳時代末期は、女の呪術の衰退期で、男性中心の権力構造のもとに中央集権国家が作られていった時代であり、現代での勾玉の復活は、家長である父親の権威が失墜したことで家父長制が弱まり、男女平等を旗印にした社会が作られようとしている時期に相当します。

高度経済成長期の大量生産・消費社会の出現で、父親が会社人間化したこと、物資と情報の流通が国際化して世界がアメリカ中心の単一の価値観に覆われたことで、一九七〇年代あたりから以降、いろいろなことがドミノ倒しのように連鎖して起きました。

たとえば、父親は仕事で忙しく家に不在がちであるため、家長として振る舞えなくなりました。近所や親戚縁者との付き合いは希薄になり、冠婚葬祭や集落の祭事のために家に人が集わなくなりました。住宅事情もあって、掛け軸・骨董・盆栽・水石《すいせき》など床の間文化が衰退していきました。男たちは審美眼を養う機会を放棄して文化的に劣化したのです。

グローバリズムにともなう情報の自由化と、大量で過剰なまでの情報の伝播は、婚前交渉やめまぐるしく変遷していく流行を正当化して、これを制御できない父親の権威を失墜させていきました。父親の収入だけでは住宅ローンや子供の教育費を賄いきれないこともあって、母親も働くようになり、父親の発言力はさらに弱まりました。欧米風にソフィスティケートされ、プライバシーを重視する風潮が対人関係の希薄化をうながし、父権の威光をいっそう後退させていきました。社会通念としては、長男が持ち家や墓を継ぐ家父長制度が維持されているようであるけれど、父親が妻や息子・娘を支配できない父権なき世の中になっています。

こういう社会のなかで、従来の父権とともに放棄した古い価値観に変わる新しい生き方の枠組み（パラダイム）をもちあぐねているのが、現在の私たちです。

現代社会の閉塞感、暮らしていくうえでのあまりのうっとうしさと重苦しさはこうして醸しだされています。漢字を連ねれば無力感・閉塞感・倦怠感・疎外感・重圧感・挫折感といった思いが両肩にかかってまるで浮遊霊に憑依されているよう、払いのけたいのだけれどどうにも払いきれない、といった感じです。

物質的豊かさが幸福な暮らしを約束すると教えられてきたのに、嘘ばかり、まったくもってそうではなかったという暗澹怏怩たる思いが、ここに重なります。

勾玉が現代によみがえったことの背景には、私たちの心の中に人類の完全性と古代を結びつける元型（アーキタイプ）があって、心が古代の息吹によって浄化・再生されることを願っている、そうした思いがあるようです。

心の内なる古代が勾玉によって覚醒するとき、いまよりも伸び伸びと暮らせる生き方があることに、みんなが気づけることでしょう。

長くつづけてきた日本ヒスイと勾玉の歴史は、ひとまずこれで終了です。インターネットによって情報の収集は超便利になったけれど、反比例するように世の中は劣化しているように見えます。回復の妙薬は、みんなが向こう側の力に気づくことです。物理学的解釈では神・仏や死後の世界・運命は存在しえない。しかし人類はもろもろの精神世界を築くことで、驚嘆するほどに価値のある文化を形成してきました。それを発展させていかないと子供たちに豊かな世界を残してやれない、私たちはそういう瀬戸際にいて立ち往生しています。

第2部

◆

日本ヒスイの博物誌

◆

第1章

ヒスイ誕生五億年の地球史

日本ヒスイは南洋の陸塊の地底でできた

1◆ヒスイ海岸でのヒスイ・ハンティング

日本ヒスイについて、第1部では縄文・弥生・古墳時代の先祖たちとのかかわりを眺めてきました。みんながみんな、病気にしろ事故にしろ些細なことであっけなく死んでいった時代です。彼らは祖霊たちに支えられ、向こう側から漏れ出てくるパワーに包まれて暮らして、死後には自分も向こう側へ渡っていくと信じていました。人の生命《いのち》のはかなさを知っていた人たちでした。

現代の歴史観は三千年前も五千年前も、たとえ一万年前でさえ、人類の感性は現代人と同じだったという認識のもとに組みたてられています。しかしそうではなかったということを、記述に際してひかえめに試みてあります。

第2部ではヒスイ海岸でのヒスイ探しを始点に、日本ヒスイの生いたちや鉱物学的特質を探っていきます。

ヒスイ海岸でヒスイ・ハンティングする

ヒスイ原石は5,000年前と同じ場所、北陸地方のヒスイ海岸で採集できる

日本ヒスイでもっとも興味深い形状が圧砕ヒスイと呼ばれるもので、表面に凹凸のあるものはブドウ状ヒスイともいう

日本ヒスイは北陸の海岸や河原に、原初の時代から転がっていたわけではありません。地球の歴史には日本列島が存在しなかった時代があって、日本ヒスイは南の陸塊の地殻の底に誕生して、大陸移動説が説くように巨大な陸塊とともに移動してアジアの端にやってきました。

日本ヒスイ誕生の謎を追跡したあとで、再びヒスイ海岸に戻り、日本ヒスイの色合いの多彩さや、日本ヒスイと間違えやすい鉱物・岩石について記述します。しばしば混同されるヒスイと玉《ぎょく》の違いにも言及します。

中国が玉文化の国だったのは周知のところですが、最高の玉の意味で真玉《しんぎょく》とされてきたのはヒスイではなくネフライト（軟玉ヒスイ）という鉱物でした。これもまた糸魚川地方の海岸や河原で採集できるのですが、とても不思議なことに、日本列島では縄文時代から今日に至るまで、ネフライトは重視されてきませんでした。

およそ五千年前の縄文時代から古墳時代へ日本列島ヒスイ文明は三千五百年つづきました。それを支えたヒスイ原産地は北陸の糸魚川地方一カ所だけ。それから千五百年たったいまも同じ場所でヒスイが採れます。しかも誰もが何の許可を得ることもなくヒスイ原石を拾える、こういう場所は世界中でここだけです。

北陸新幹線の運行にともなって、従来の北陸線は第三セクターが運営することになりました。糸魚川駅から富山方面へ、青海・親不知・市振と駅名がつづいています。近辺の海岸は全部がヒスイを採集できるヒスイ海岸です。

特別なヒスイ・ハンティング・スポットというものはなく、海岸に出て、波が運んできた小石がたまっているような場所なら、どこでもヒスイ原石を見つけられる可能性があります。あちらこちらにテトラポットが置かれています。テトラポットがない場所を選んでヒスイを探します。

ヒスイ海岸のうちで最も著名なのが市振駅の次の停車場、越中宮崎駅の前に広がる約三キロの海岸です。この土地は富山県下新川郡朝日町に属しているので、糸魚川市で入手できる観光マップには記載されていません。改札口を出て、目の前の海岸に向かって二、三分歩くだけで波打ち際に立てます。車で行く場合も越中宮崎駅を目標にします。

ヒスイ・ハンティングには特別の道具や装束は要りません。海岸を散歩できる衣服であれば十分、波打ち際を歩くには長ぐつがあったほうが便利です。海は凪いでいるようでもふいに大波がくることがあるので波に気をつけるとか、熱中症に注意するとか、ゴミは持って帰るとか、注意点は常識の範囲内。ヒスイ・ハンティングには前を歩いている人を黙って追い越さないという暗黙のルールがあります。追い越したいときは大きく迂回する。前の人が踏んだ靴跡に小ぶりのヒスイ原石が顔を出すこともあります。

地元のヒスイハンターは、海が荒れた日の翌日早朝を狙って浜に出かけます。マニアックなヒスイハンターともなると車に寝泊まりしてヒスイ原石を探します。私たちのような旅行者は彼らのおこぼれにあずかるようなものなので、実際問題、ヒスイ探しは容易ではありません。アリになったつもりで匍匐前進しても見つかるのは姫川薬石だけということも珍しくないのです。

こんなときは小石が層状に集った場所を掘るつもりで崩して探すといいとベテランのヒスイハン

ターに聞きました。防潮堤の階段には先人が拾った原石を選別した場所が残っている場合があります。ベテランといえどもヒスイ原石の鑑別は難しくて、迷いだしたらきりがなくなります。そのため、誰かが残していったクズ石の山のなかに本物のヒスイ原石が埋もれている場合があります。

最も基本的なヒスイ・ハンティングは波打ち際で、波が運んできた白っぽい石を拾います。探すのは緑のかたまりではなく艶がある白い石です。

「白く輝く原石を探して、石を乾かして陽光にかざして、味の素の結晶のようにキラキラと光る部分のあるものを選ぶ」とヒスイである可能性が高く、石に明るい緑色が交ざっていたり、全体が緑色であれば大当たり！

「石は石をよぶ」ので、ヒスイハンター初心者はアユ釣りのおとりを使うようにヒスイ探しに小さなヒスイ原石やヒスイ勾玉などの製品をもっていくと、ビギナーズラックを期待できます。

ヒスイ原石はヒスイ海岸だけではなく、糸魚川市を流れる姫川とその支流や青海川《おうみがわ》の河原でも採集できます。

糸魚川市には「小滝川ヒスイ峡」「青海川ヒスイ峡」と二つの日本ヒスイの天然記念物指定区域があります。ここからは一切の岩石類の持ち出しは厳禁されていますが、指定区域外の河川での採集は大目に見られています。姫川に限らず、日本中の一級河川は国の管理下にあり、そこから石や植物を持ち出すのは原則禁じられていますが、手で運べる程度の石であれば特に問題にしないということのようです。

それでも監視員との間でトラブルになるケースがあると聞いているので、河川での原石採集は初心者には向いていません。加えて最近ではヒスイハンターの人口増加と護岸工事の相乗作用で原石の採集量は激減しているそうです。

インターネットのあちこちには日本ヒスイを扱うホームページがあって、「日本ヒスイ（糸魚川ヒスイ）は天然記念物だから、現在は採集禁止、販売も禁止されている」とか、「糸魚川ヒスイは原石が枯渇してもう採集されていない」などと書かれていたりします。こういうのはでたらめな情報です。海岸や河川でのヒスイ原石の採集は減っていても、糸魚川市近辺の業者の倉庫には相当量のストックがあり、また世代交代にともなって、あちこちの家庭に眠っていたヒスイ原石が再発掘されています。

これらの原石を大切に扱って、私たちの先祖が愛した日本ヒスイを数世代先の子孫に残していけるよう努めていかなくてはと考えています。

2 日本ヒスイ誕生をめぐる五億年の地球史

日本ヒスイの原産地である姫川はフォッサマグナの西の境界線、糸魚川—静岡構造線に沿って流れています。北アルプスの白馬岳を水源に谷間を下り狭い平野部を横切って海に出る、幹川流路延長が約六十キロと非常に短い川です。途中にヒスイ原石を含む蛇紋岩帯があり、地滑りした土砂が流れこむことでヒスイ原石の供給地になっています。

糸魚川を始点に松本方面に向かう大糸線の駅名でいうなら頸城大野、根知、小滝近くの河原に降りてみます。毎日のように何人もの探索者がやってきて犯行現場の捜査官よろしくヒスイ原石を探したあとを歩くのですから、ヒスイと出会える確率はゼロに近く、きれいな蛇紋岩や緑色凝灰岩を見つけられないものかと河原を歩きます。

個々の原石を見分けられるようになると、赤や黒、緑、白など彩り豊かな石たちの種類の多さにすっかり石ころファンになってしまいます。ここは日本一岩石の種類が多い河原で、一説には約三平方メートルあたり百数十種類の岩石があるそうです。

この土地は地質学的な歴史の十字路です。大陸移動にともなう水平方向の変化と、地殻の底から岩石が上ってくる垂直方向の変化がここで結びつき、加えて海洋プレートが運んでくる堆積物が集積された結果として、誕生した年代や出自が異なる多種類の岩石が集まっています。

姫川の河原の黒っぽい石の多くや褶曲模様がある岩石は変成岩で、地下深くから地質学的な時間をかけて上ってきました。濃緑色の蛇紋岩はマントルの主成分であるかんらん岩が水和されて誕生します。白い石灰岩があるということはかつてこの土地が熱帯の海岸だったか、海洋プレートが熱帯の珊瑚礁を運んできたかのどちらかです。姫川薬石として知られる茶色の流紋岩は火山の噴火によってできたし、緑色凝灰岩は日本海側の海底火山が噴き上げた火山灰が海底に積もって生じました。赤茶色のチャートは広大な海のど真ん中でケイ酸質の放散虫類の遺骸が堆積してでき、海洋プレートに運ばれて原日本列島にたどり着いたものです。ほかには石英・瑪瑙・碧玉など、ペグマタイト（巨晶花こう岩）由来のケイ酸鉱物もあるし、石灰岩とマグマが結びついてできる珪灰石《けいかいせき》系の岩石もあります。これらに加えて付加体由来のヒスイ原石・アルビタイト（曹長岩）・ロディンジャイト（ロディン岩）も岩石仲間の一員となっています。

多種多様な石たちに魅了されていくらかは岩石について学び、石ころたちのそれぞれを識別できるようになると、日本ヒスイが北陸の限定された土地にあることがいっそう不思議になります。日本ヒスイは約五億年前に誕生したといいます。姫川の河原に登場するまでの地質学的な年代の推移には、①大陸移動と大陸からの原日本列島の分離、②地底の特殊環境でのヒスイ誕生、③地底からのヒスイ原石の浮上、の三つに分けて検討すると理解しやすくなります。どれにもプレートテクトニクスのダイナミックな運動が関連していて、驚愕すべきことがらずくめです。

3 南半球から極東へヒスイ原石の移動

五億年前といわれても想像しようがないことだけれど、その時代には日本列島そのものがなく、ヒスイは南半球にあった大きな陸塊の地殻の底深くで誕生しました。

「大陸は漂流している。何億年かに一度、一つところに集まって超大陸をなし、そののちいくつかに分かれて、てんでばらばらな方向に漂流していく、地球は丸い惑星なのでやがて再度集合する」――この壮大な地殻の運動を超大陸循環とよんでいます。日本ヒスイの誕生は大陸移動と無縁ではありません。

これまで、日本ヒスイは三、四億年前にできたといわれてきました。コンピューター技術の急速な進展にともない、原石中のジルコンの生成年代が測定できるようになって、約五億年前と修正されました。この数値は新潟県糸魚川市にあるフォッサマグナ・ミュージアム発表の資料によっています。

プレートテクトニクスにともなう大陸移動説では、およそ二億五千万年前にそれまで離散していた陸塊が一つところに集まって超大陸パンゲアを成したと説明されています。パンゲアの北の部分をローラシア大陸といい、南の部分をゴンドワナ大陸といいます。海は超海洋になって、パンサラサと名付けられています。

約二億年前、パンゲアは再度の分離・離散を開始して、ローラシア大陸がユーラシア大陸や北アメリカ大陸に分かれるなど、現在見られるような六つの大陸に分かれ、大西洋が広がっていきました。

五億年前というのは、パンゲアができた年代よりもさらに二億五千万年ほど古い時代です。陸上に植物がなく、海に魚類もなく、当然ながら爬虫類も出現していなかった時代。カンブリア大爆発（五億四千万年くらい前）といって、三葉虫などの無脊椎動物が爆発的に出現したのとほぼ同じ時代の出来事です。

南半球にあった一つの陸塊の海辺の地底の付加体という地質でヒスイは産声をあげました。付加体については後述しますが、この陸塊はさらなる付加体を発展させながら北上して、シベリア陸塊などいくつかの陸塊に接合、ローラシア大陸になりました。超大陸の分裂後はユーラシア大陸の東の端に位置しました。

それから長い年月がたって、二千万年ほど前、ユーラシア大陸の東の端が大陸から切り離されて原日本列島になりました。インド亜大陸がユーラシア大陸に衝突してヒマラヤ山脈が隆起したり、ミャンマーのヒスイ産地が内陸部に追いやられたのと同じ時代の出来事です。

ユーラシア大陸の東端部分はもともと湖が多い低地だったらしいのですが、東側の端部分が分離して移動するにつれて海水が浸入して日本海になり、原日本列島が誕生しました。海底で火山活動が盛んになり、玄武岩の溶岩が広がって日本海を押し広げていきました。

「東北日本はロシアの沿海州から分かれてきたもので、西南日本は朝鮮半島の東側から離れてきたものといえます。いまでは両方が東西から押し合って中部山岳地帯を隆起させています」と『かわらの小石の図鑑――日本列島の生い立ちを考える』（千葉とき子／斎藤靖二、東海大学出版会、一九九六年、一六五ページ）にあります。

このとき、別々の島だった西日本と東側の島の間はさらに距離が開いて、現在の糸魚川―静岡構造線と柏崎（新潟）―千葉構造線の間に、フォッサマグナ（大きな溝）と名付けられることになる海峡が誕生しました。大陸から分離したあとの日本列島では、地殻の隆起、火山活動の活発化、伊豆半島の接合などということがあって、フォッサマグナは埋められ、さらに隆起して北は山岳地帯になり、南は関東平野になるというように、今日あるような姿に変わっていきました。

4◆ヒスイを生む付加体という特殊な地層

地震に関連した報道番組でなじみ深いものになったプレートテクトニクス理論の基本は、地球の地殻は一枚岩ではなく、十数枚の板（プレート）に分かれていることにあります。マントルは中間層を挟んで上下二層の構造になっていて、厳密にはプレートは上部マントルと地殻が接合された状態で、下部マントルの上に浮かんでいます。

マントルは熱く、圧力鍋の中でスープがたぎっているような状態なので、地殻にひび割れを作って溶岩という形で熱を放出しなくてはならないのが、プレートが分かれている理由です。海嶺《かいれい》という海底の火山山脈から放出される溶岩は海洋地殻となって海底を形成していきます。大陸を載せた地殻は主成分が花崗岩で、海洋地殻の主成分は玄武岩。後者のほうが前者より比重が重いので、両者がぶつかる場所では海洋プレートが大陸プレートの下へと沈みこんでいきます。

ヒスイの誕生地はこの沈みこみ帯に形成される付加体という特殊な地質です。沈みこみ帯の地形は海溝とよばれています。ここでは、下りのエスカレーターが床に潜りこんでいくのに際して、運んできたゴミを置き残していくように、海洋プレートが地殻の一部を大陸プレートの側に押しつけていきます。大陸プレートの端の底辺で海洋プレートの表面の一部がかきとられ、大陸プレートに底付けされる形です。

これが付加体とよばれるもので、海洋の地殻が海嶺の噴出物として誕生し、海底を押し広げながら、プレートの沈みこみ地帯である海溝にたどり着くまでに運んできたもろもろの堆積物が含まれています。たとえば、①大洋のまっただなかで大量の放散虫の遺骸が堆積して岩石になったチャート、②海洋島近辺にできた珊瑚礁に由来する石灰岩、③陸から風や海流に乗って運ばれてきた細かな泥粒、④陸近くに堆積した砂岩・泥岩などの類いなどが、大陸・海洋両地殻の削り屑的部分と一緒になって、大陸地殻の底のほうに押しつけられます。そのために付加体ではできた場所も時期も異なる岩石が一カ所に集うことになり、これらの岩石・鉱物が交ぜあわされた地層ができます。

付加体はおよそ三十キロの厚みといわれる大陸プレートよりさらに深い超高圧地帯に位置します。岩石が組成のなかに水を含んで比較的低温に保たれているのが特徴で、この超高圧比較的低温という特殊な環境のもとで、ヒスイ輝石はアルビタイト(曹長岩、曹長石が主成分の石)という岩石が変成されて誕生するとされています。また、熱水のなかからじかに析出するという意見もあります。

付加体の一部はプレートに引きずられてより深くへと運ばれ、圧力と熱とで変成されて輝石や角閃石の成分に富む変成岩になります。

繰り返すなら、これは現在の地形図の太平洋プレートの沈みこみ帯での話ではなく、五億年も昔の南半球の陸塊に始まった物語です。ユーラシア大陸ができ、日本海が広がり、日本列島が形をなすにしたがって太平洋プレートの沈みこみ帯も移動していきました。

日本列島の地質の大部分は付加体からできていて、大陸側から海側へ成長していったものなので、ヒスイを含む古い地層が大陸側の北陸に温存されて、新しく加わった付加体が海溝を太平洋側へと押していったのです。地殻の底で生成されたヒスイをはじめとする付加体の鉱物・岩石は地表へと上ってきて陸地の一部になりました。

姫川の地質学的な歴史の十字路に、地底から地表への垂直方向の時間軸が加わったわけです。そしてここにさらに、「沈みこみ帯近くの陸側では火山活動が活発になる」という岩石生成の別な理由が加算されます。

海洋プレートが運んでくる水分は地下百キロあたりまでくると岩石から分離します。この水分が超高圧・超高温の環境下で大陸地殻の岩石を溶かしマグマを生産します。このため沈みこみ帯の大陸側には海溝に平行して火山列が発達します。マグマや火山の噴出物に由来する岩石や、マグマと石灰岩などが接触することで誕生するスカルンと総称される鉱物なども加わり、一つの場所で目にすることができる岩石・鉱物はさらに多彩になります。

こうして姫川の河原やヒスイ海岸には、姫川薬石（流紋岩）や緑色凝灰岩、花崗岩、石英、瑪瑙、珪灰石、など火山活動に由来する岩石も顔をそろえることになりました。

5◆ヒスイは地底から上昇してくる

付加体の近辺では、上部マントルの主要構成岩石のかんらん岩も変成されて蛇紋岩になります。水っぽい環境なのでかんらん石の成分に水分子が結合して蛇紋石になるのです。付加体にできたヒスイやアルビタイト（曹長岩）、ロディンジャイト（ロディン岩）などの岩塊は蛇紋岩に包みこまれていきます。蛇紋岩のカレーにジャガイモやチキンに相当するヒスイやアルビタイトが交ぜあわされた形状になって、これを蛇紋岩メランジュとよんでいます。メランジュは料理のメレンゲ（卵白と砂糖を攪拌して作る）と同じで、いろいろな岩石が交ぜあわされた地層を意味します。

地下数十キロの深部でできた蛇紋岩メランジュが地表へと浮上してこなくては、ヒスイも地表に出てこれません。この浮上には蛇紋岩の比重がほかの岩石に比べて軽いことや、順次底付けされていった付加体がくさびのようにはたらく押し上げ効果、下部マントルの熱対流の上昇流による押しだし、継続的な断層の発達などが作用したと推察されています。

圧砕ヒスイという特殊なヒスイ原石を手にすることができるなら、ヒスイ原石が上昇してくる過程で、彼らが遭遇した圧力のひずみの劇的な証拠を目のあたりにできます。岩塊だったヒスイ原石が粉砕され、間隙に濃緑色の角閃石が入りこんで不規則な網目模様を描いていて、川の転石になると硬度の違いからヒスイ部分だけが突出してブドウ状の模様になっています。いくつかの陸塊が集合してパンゲア超大陸ができていく過程で、地殻同士がせめぎあった名残だろうと想像しています。

地表へと上昇した蛇紋岩メランジュは北アルプスの一部となり、風化のあとに土砂崩れして谷を埋め、川に落ちると、ヒスイ原石は蛇紋岩から分かれて、巨大なものは川に居座る岩になり、比較的小さなものは転石になります。こうして姫川とその支流の小滝川・横川・大所川《おおどころがわ》や、水系が異なる青海川にヒスイ原石が供給されます。

暴風雨などの大雨によって川が荒れるごとに原石は下流へと運ばれ、やがては海に下ります。それからさらに時間がたって、海流と波によって海岸に打ち戻されます。これが、ヒスイ海岸でヒスイを見つけられる理由です。沖合にヒスイを含む蛇紋岩帯が露頭しているという意見もありますが、定かではありません。

糸魚川に近いのに直江津の海岸でヒスイが採集できないのは、先に述べたフォッサマグナという地質のせいです。糸魚川市よりも東側の土地は地質が新しくてヒスイを含まず、黒部など西の土地はヒスイ原石を含む蛇紋岩帯の露頭がありません。原日本列島誕生時にヒスイ原石は実に都合よく糸魚川―静岡間の構造線にへばりついて温存されてきました。

地質的にはヒスイ原石を含む蛇紋岩帯は西に伸びていて、兵庫県養父市大屋町、鳥取県八頭郡若桜町、岡山県新見市大佐町、長崎市三重町などでも鉱物としてのヒスイ輝石が発見されています。しかしこれらの産地では、若桜町を除いて、勾玉などの加工品を作れるような良質の原石は採掘されていません。

6◆隕石から発見されたヒスイ輝石

隕石からヒスイ輝石が発見されたというニュースがインターネット上で報じられたことがありました。二〇一四年五月のことで「チャリャビンスク隕石からヒスイ輝石が発見された」との見出しが目を引きました。この発見は東北大学の研究グループとロシア科学アカデミーなどとの共同研究によるもので、チャリャビンスク隕石は地球衝突前に、宇宙で大規模な天体衝突を経験していて、そのときの衝突にともなう高圧・高温が、隕石の主成分の一つである斜長石からヒスイ輝石を生成したといいます。

チャリャビンスク隕石は二〇一三年二月にロシア・チャリャビンスク州に落下した隕石です。「マイナビニュース」二〇一四年五月二十六日付には「ナトリウムに富む斜長石である「曹長石($NaAlSi_3O_8$)」は超高圧・高温下において、ヒスイ輝石($NaAlSi_2O_6$)とシリカ(SiO_2)相に分解することが実験的に知られている。また超高圧・高温下で溶解した斜長石を冷却すると、ヒスイ輝石が

隕石から発見されたヒスイ

チャリャビンスク隕石と同じタイプの岩石質隕石。サハラ砂漠で採集された。重量約600グラム、左右115ミリ

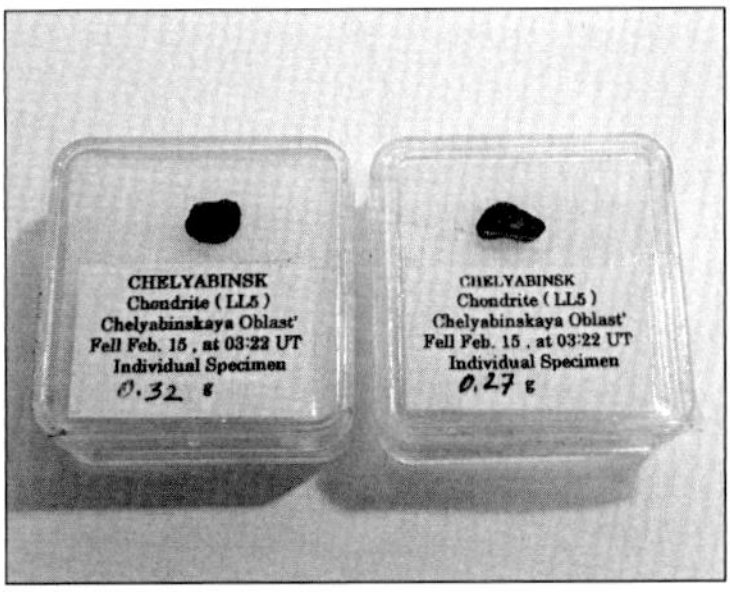

2013年ロシアのチャリャビンスク州に落下した隕石からヒスイ輝石が発見された。宇宙空間で隕石同士が衝突した衝撃で生じたという

結晶化することも実験的に明らかになっている」と出ていました。

長石は説明するに難しい鉱物です。長石はアルミニウム+ケイ酸を主成分にした鉱物のグループ名で、ナトリウム、カリウムなどが加わることで各種各様の長石が誕生します。ナトリウム+カルシウム+アルミニウム+ケイ酸の分子構造をした長石が斜長石で、このグループのうち、カルシウムを含まないものがアルバイト（曹長石）です。

ともかくもこうして、地殻の底でも地上の実験室でも、宇宙空間でも、そこにアルビタイト（曹長石岩）があって超高圧・高温（前述したように、地質学的には地下の相対的な温度に対して比較的低温と表現される）という環境が整えばヒスイが誕生することを知らしめてくれました。

宇宙空間での出来事も地球の地底での事件も、私たちの身の回りで起きているのと同じ物理学的法則のもとにあるというのが、当然のことだろうけれど、なんとも不思議です。

第2章

百個百様の日本ヒスイ

日本ヒスイは一個ずつ色味が異なる

1◆ヒスイ原石は百個百様の色合い

南半球からパンゲア、ついでユーラシア大陸を経て日本列島に至る大陸移動の五億年と、地底から地表へと上ってくる垂直方向の長旅を、プラネタリウムの高速移動する星空を眺めるように想像力をもって合成します。ヒスイ海岸は昨日までとは違ったように見えるだろうし、手のひらに乗るヒスイ原石はただの石ころであることをやめて時空のメッセンジャーになります。

「日本ヒスイは実際にどういう石なのか？」は、何度も現物に触れて目を養う以外に理解のすべがありません。全体が半透明緑色で銀杏《ぎんなん》のようにとろりとしてふくよかなヒスイを拾いたいと、海岸を歩くヒスイハンターは夢見ています。それが無理なら白くて緑色の脈が入った原石がほしい。けれどこういうのは宝くじに当たるのと同じほど難しい出来事です。ヒスイは原石が百個あれば百個とも色味や質感が異なり、一個の原石でも部分によって色合いや透明度が異なります。ヒスイは緑色の宝石と一般には思われていますが、総量から見るなら緑色のヒスイは少量しかありません。

ヒスイ原石の個々の色合いは、色見本帳で同定できないほどに微妙で複雑です。くっきりと区分けできるものではありませんが、小滝川・青海川など産地によって、青色ヒスイや圧砕ヒスイなど、原石の形状、色彩に若干の特色があります。

地理としては大糸線の小滝駅近くで小滝川は姫川に合流します。小滝川を眼下に見ながら曲がりくねった山道を上流に向かうと、明星山という石灰岩でできた山の絶壁を過ぎたあたりに、天然記念物の小滝川硬玉産地（小滝ヒスイ峡）があります。平岩駅近くには横川、大所川と姫川との合流点があります。青海川は姫川とは別の河川で旧北陸線青海駅近くに河口があります。上流に青海川硬玉産地（橋立ヒスイ峡）があります。

①濃緑色半透明ロウカン質のヒスイは少ない

ヒスイといえば、誰もが「ロウカン」とよばれる濃緑色半透明な宝石を思い浮かべます。けれどビルマヒスイといえど宝石質な原石はごくわずかしか産出しません。日本ヒスイの場合、小学校の運動場に原石を敷きつめて、そのうちロウカン質の部分があるヒスイは一、二個あれば運がいいほどに、宝石質の原石は希有な存在です。

一個の原石から緑色で透明度が高い三十ミリの勾玉を三十個作れるようなヒスイ原石はまず存在しません。ビルマヒスイで人気が高いアイスジェードも日本ヒスイで見つけるのは困難です。全体が緑色で不透明な塊状原石はオンファサイトに分類される場合があります。

②白くてとろみがある日本ヒスイは珍しい

理屈上、ヒスイの基本色は白であっても、純白で透明度のあるヒスイはごくわずかです。大部分は白く見えても淡い緑みや青みがあります。こうした原石のなかには、透過光で見ると、光が内側からにじみ出てくるような、若々しい緑色に輝くものがあります。またヒスイは勾玉などに加工すると原石よりもいくぶん濃い色合いになります。

③明るい灰色が標準的日本ヒスイの色合い

日本ヒスイの場合、平均的な原石は明るい灰色をしていていくらか緑みがあったり青みがあったりします。緑の色みは白や黄色を混ぜて薄くしたものや、緑の色みをそのまま薄めたようなものなどいろいろです。結晶粒子が小さければ原石の透過性が高まります。たくさんのヒスイ原石に触れてくると、ときおりよく引き締まっていて、超美人といった感触の原石に出会って驚嘆させられます。こうした石はパワーの味わいも強烈です。

④青色や水色ヒスイが心地いい

明るく薄い水色から濃い青色まで、日本ヒスイにはいろいろな色調の青色のものがあります。小滝川や横川産のものには明るい灰色に青い脈が入っているものがあって、日本ヒスイに特有の色合いといわれています。

青色ヒスイで別格扱いを受けているのが入りコン沢という大糸線小滝駅近くの土地のヒスイで、インクのように青く透明度が高いものがまれにあります。入りコン沢は原石の採集禁止区域になっています。ヒスイ原石を扱う店で、見掛けは汚く岩のかけらのようなのに、不可解なほどに高価な原石をみかけるとしたら、それらはたいがい入りコン沢産青色ヒスイです。

⑤ラベンダージェードの癒し効果が大人気

藤色をしたものをラベンダージェードとよんでいますが、日本ヒスイの場合はビルマヒスイのように透明度があって鮮やかな藤色ではなく、不透明で灰色がかったものがほとんどです。握りこぶし大の原石の全部が藤色をしているというのはめったになくて、多くは原石の一部が青みのある藤色に染まっています。小滝川産のものがよく知られていて、日本ヒスイでは一番人気の色合いです。男性色の青と女性色の赤が交わってできる紫・藤色は和合の色であり、陰陽のバランスを整える色。気持ちの癒し効果にすぐれています。

⑥金山谷の不思議色に幻惑されてしまう

現在は採掘禁止になっているとのことですが、青海川の上流のかつて金鉱山があった金山谷という場所からは黒に強い緑色が交ざったヒスイ原石が産出しました。透光性がある原石は黒・灰色と緑が交ざりあい不思議な色合いをしています。金山谷産のヒスイは青海川で転石となる場合があり、ヒスイ海岸に漂着することもあります。ずーっとこれを眺めていたい、石たちの力の潮《うしお》にひたっていたいという気持ちになります。石の魔力に出会えるヒスイです。

⑦黒ヒスイは孫子の代へと残していきたい

原石の全体が黒かったり、灰色と墨色が交ざりあっている黒ヒスイはビルマヒスイの場合価格が高騰する一方ですが、日本ヒスイでは人気上昇の途上といった状況なので、コレクションするならいまのうちといった趣です。黒色は極微量含有された石墨によるとされています。糸魚川地方にも北海道の銘石・神居古潭《かむいこたん》のような黒色変成岩の転石があって、黒ヒスイに似ているものがあります。また黒色ネフライトも黒ヒスイとそっくりです。石肌の艶などを頼りに三者を見分けるのは容易ではありません。

⑧丸ごと全部濃い色合いのヒスイ原石もある

ひとかかえある原石が皮から実、芯まで全部濃い色合いをしたヒスイもあります。全体が緑や青や墨色が入りまじって言葉で表現できないほど複雑な色合いをしていたりします。どうすればそんなに鋭く存在感をあらわにできるのかと声をかけたくなるほど。こうした原石は勾玉などを作るのに適していて、迫力がある製品になりますが、宝石研究所に鑑別に出すと、たとえヒスイであっても、オンファサイト成分が多いためにヒスイとしての鑑別書が発行されない場合があります。全体がきれいな緑色をしたものは、握りこぶし大でクラックが多くて加工に適さないようなものでも日本ヒスイの場合はとても高価です。

⑨濃緑色角閃石のまだら入りヒスイ原石

ヒスイ原石のなかには白や灰色っぽい地のなかに濃い緑色をした帯状内包物が入っている場合があります。この緑色は角閃石の仲間です。二色の生地を合わせて焼いたスポンジケーキのように、異色の鉱物がヒスイ原石のなかに練りこまれたり織りこまれたり畳みこまれたりしているように見えます。

成分から想像すると、これら角閃石の影響でヒスイ輝石がオンファサイトに変成されて、ヒスイ原石にいろいろな色合いが生まれるようです。

濃緑色の角閃石は成分がアクチノライト（透緑閃石）に似ているので、濃緑色のまだら模様があったり、表面の一部が濃緑色の角閃石に覆われているヒスイ原石は、硬玉と軟玉が一つに結ばれたヒスイ原石と見なすこともできます。

⑩圧砕ヒスイは地殻活動の超破壊力に耐えた

二一七ページでも紹介した圧砕ヒスイはマニアックなコレクター好みのヒスイです。ヒスイが誕生する地下数十キロの超高圧下では、岩石のような固体も長時間かけて流体のように振る舞うことが知られています。褶曲模様が著しい結晶片岩が格好の例です。そこでは岩塊にひびが入っても破壊されないわけで、圧砕ヒスイのハンマーで叩いたかのような破壊ぶりは、原石が上昇する過程の出来事と考えられています。想像するにいくつかの陸塊が集合して二億五千万年ほど前の超大陸パンゲアができていく途中で、地殻同士がせめぎあった軋轢の名残のようです。圧砕されたヒスイが押しつぶされ引き伸ばされて滴のような流紋を描く場合もあります。

こうした大地の営みの激しさを目のあたりにすると目がくらんでしまいます。見えない力には超自然的な意図があるのだろうかと疑う気持ちになります。圧砕ヒスイの産出は小滝川に多いのですが、限定されているというわけではありません。

⑪角閃石に抱かれたヒスイは断トツのパワー効果

川の転石となったヒスイのなかには蛇紋岩や角閃石に抱かれたり、一つに練りあわされたりした野性的で猛々しい印象の原石もあります。眺めているだけで感電するほどのパワー効果に驚嘆します。特に姫川支流の大所川で見つかる原石にはこうしたものが多いようです。大所川は大糸線平岩駅・姫川温泉近くにあります。

⑫ヒスイ自形結晶には目がくらんでしまう

アルビタイト（曹長岩）に米粒ほどの大きさのヒスイ自形結晶が多数含まれた岩石も、姫川の河原で手にできる場合があります。表面はヒスイの粒子を粗くしたような色合いで、破断面を見てもわかりづらいのですが、よくよく見ると、白いアルビタイトのなかに炊きたてのご飯を連想させる米粒大の白色ヒスイ結晶が交ざりあっています。知っている人に説明してもらわないと確認の難しい形状です。撮影しても識別できないだろうし、研磨すれば形も消えてしまうことでしょう。

先に隕石からヒスイ輝石が発見されたという記事を紹介しました。小惑星のような天体同士の衝突時に、熱と圧力によって隕石の構成岩石のアルビタイトが変成されてヒスイ輝石になります。高圧高温（地質学的表現としては比較的低温）という同じ条件のもとに、地殻の底でヒスイ輝石が誕生することを証言しているのが、ヒスイ自形結晶を内包したアルビタイトです。

⑬ヒスイには水晶のような結晶がない

ヒスイはおもにヒスイ輝石という鉱物の極微の結晶が凝集してできます。それはわかるけれど、水晶のような見栄えがいい大きな結晶はないものかと、ヒスイに興味をもち始めたころ探し回りました。

輝石類ではスポジューメン（リチア輝石）にはクンツアイトやヒデナイトという透明で宝石質の美しい結晶があります。ダイオプサイド（透輝石）の鮮緑色透明な結晶からも高価な宝石がカットされます。エジリン（エジリン輝石）はトルマリンに似て鋭いペンシル状の結晶を成長させます。なのにヒスイ輝石にはそうしたものが見当たりません。超高圧のもとでは巨視的な結晶は成長できないようです。かわっての形としては、ヒスイ原石が割れてできた隙間に発達した細い柱状や針状の結晶でした。それらは集合して放射状や束状になり菊花模様を描いていました。熱水に溶かされたヒスイ輝石が再結晶したものと思われます。目で確認できる結晶形があると、超自然的な御技《みわざ》を目のあたりにするようで感激してしまいます。

ヒスイ原石を手にして眺めたりなでたりしながら、それがどのようにしてできたかを想像すると、石たちが身近になるばかりではなく、地球そのものが身近になります。

そういうものがあるかどうか定かでなくても物理学的法則を超えた何かがある、宇宙意識のようなものがあるという気がしてきます。そしてこういう感触を知っている人と知らない人とでは、生きていることの味わいの豊かさが違うだろうと思っています。

2◆ヒスイの緑色はオンファサイトのせい

以上紹介してきたヒスイの複雑な色合いは、オンファサイト（オンファス輝石）という鉱物によることが明らかにされつつあります。ヒスイの基本色は白色透明でこれ自体はゆらぐことがないのですが、ヒスイ原石を構成するヒスイ輝石の一部がオンファサイトに変わっていくことでヒスイはいろいろな色合いに発色するといわれています。

これによると、これまでヒスイの色とされてきた濃緑色半透明なロウカン質の色合いも、ヒスイ輝石のものではなく、そこに含まれるオンファサイトやクロムを含んだコスモクロア的成分によることになります。

ヒスイに似た成分の鉱物のなかでオンファサイトはわかりにくい存在です。オンファサイトは鉱物学的・地質学的には有名で、オンファサイト知らずしてプレートテクトニクスは語れないほどですが、宝石学的にはさほど注目されていません。

オンファサイトとヒスイの関係を理解するには、「そもそもヒスイとはなんぞや？」ということに注目する必要があります。

たとえばケイ酸（石英）の場合、でき方には結晶が大きく成長して水晶になる場合と、瑪瑙のように微結晶が多数凝集して岩塊になる場合があります。ダイアモンド、ルビー、サファイアなどは結晶が成長したものです。トルコ石、ラピスラズリは微結晶の凝集体です。こういうふうに眺めると、ヒスイはラピスラズリや瑪瑙のように微結晶が集まってできていることがわかります。

ヒスイの場合はヒスイ輝石という顕微鏡サイズの微結晶鉱物にオンファサイトや、場合によってはアルバイト（曹長石）など、数種類の鉱物微結晶が混在して凝集しています。ヒスイはヒスイ輝石単一の鉱物ではなく、多種類の鉱物が集まった岩石です。このような理由で、ヒスイ原石はときに四トン積トラックよりも大きな岩塊として産出します。

前述してきたようにヒスイ輝石の基本色は白で、ここに異種鉱物が混入することで、ヒスイ原石は緑や青、黒、藤色、まれには赤やオレンジなど多色に発色します。ビルマヒスイに驚くほどに多種多様の色合いをした製品があるのと同様に、日本ヒスイも原石の一つずつが個性的であるのはそのせいです。

日本ヒスイの場合はオンファサイトが介在することで緑色はもとより青色にも発色することが知られています。小滝川産や横川産の青色ヒスイは明るい灰色の地に青い脈が入っています。これらの青色は酸化チタンを含むオンファサイトです。

ラベンダージェードは日本ヒスイの場合の着色成分は酸化チタンであり、ミャンマー産のものは鉄の影響ではないかとする意見があります。酸化チタンはルチルともよばれて、ルチルクォーツでは針状結晶として水晶に内包されています。日本産ラベンダージェードや青色ヒスイではヒスイ原石に粒状のルチルが混在している場合があります。

オンファサイトはおもに三つの状態で存在します。①ヒスイのなかにあってヒスイの着色成分となっている。②大部分がオンファサイトからなる岩塊として。高品質なものは宝石になります。③ガーネットなどと一緒になってエクロジャイト（榴輝岩《りゅうきがん》）という岩石になる。

②の場合は、おもにミャンマーに産出して、透明度も高く、黒に近いほどに濃い緑色をしていて、黒ヒスイの一種として扱われています。ヒスイ海岸や姫川の河原でもオンファサイトと目される岩石を採集できます。手にした石のオンファサイト対ヒスイの量が問題で、ヒスイ輝石の量が多ければヒスイだろうし、オンファサイトの量が多ければオンファサイトということになります。

③の部分が鉱物学的な注目の的で、地殻の底のほう、超高圧の環境下で生成されるエクロジャイトは地殻やマントルの謎を解くカギとされています。エクロジャイトの美しいものはオンファサイトの緑とガーネットの赤が斑模様になって花園のような色合いをしています。

いまではエクロジャイトはプレートテクトニクスを機能させる原因のひとつと考えられています。海溝において大陸プレートの下に潜りこみ、マントルに入りこんだ海洋プレートの先端部では、玄武岩がエクロジャイトに変成されます。エクロジャイトはマントルの主成分のかんらん岩より重いので、海洋プレートをひっぱりながらマントル深部へ沈んでいきます。このひっぱる力が海洋プレートの拡張を助けていると考えられているのです。

北米大陸西海岸よりの海底山脈（海嶺《かいれい》）で生まれた太平洋プレートが、太平洋の底に広がって、日本列島東岸沖の日本海溝まで押しよせてくるのは、エクロジャイトに変成されたプレートの先端が太平洋プレートを引っぱるからです。

こうした地球規模のダイナミズムに関連した鉱物が、ヒスイの色合いを決定していることに感激し、感動し、興奮してしまいます。

ヒスイとオンファサイト、後述のコスモクロアの構成要素に目を向けると三者の類似がわかりやすくなります。

ヒスイ原石中のオンファサイトは、周囲の蛇紋岩や角閃石からいくつかの元素をもらってヒスイ輝石から変成されるという説があります。

ヒスイ輝石は「ナトリウム＋アルミニウム＋ケイ酸（シリカ）」から成っています。これをナトリウムの部屋とアルミニウムの部屋とケイ酸の居間からなる一軒の家と想像するなら、家の構造を保存したままでナトリウムの部屋にカルシウムが加わり、アルミニウムの部屋にマグネシウムと鉄が加わって、オンファサイトが誕生します。構成要素は「(ナトリウム・カルシウム)＋(アルミニウム・マグネシウム・鉄)＋ケイ酸」となります。

コスモクロアの成分は「ナトリウム＋クロム＋ケイ酸」でヒスイ輝石と比べると、アルミニウムの部屋がクロムに置き換わっています。アルミニウム対クロムの比率でクロム分が断然多ければコスモクロアということになり、クロム分が少ないのであればビルマヒスイのように緑色に発色したヒスイになります。

いろいろな鉱物名が出てくると理解しづらくなります。ヒスイはヒスイ輝石を主体に各種鉱物が混在して緑や藤色、黒など魅惑的な色合いになるということです。

3◆コスモクロアはヒスイ海岸でも発見できる

ヒスイ輝石近似の宝石鉱物としてオンファサイトとコスモクロアは三兄弟のような密接な関係にあります。

コスモクロアはメキシコに落下した鉄隕石から発見されたので、宇宙の緑の意味でこうよばれることになりました。輝石の仲間でヒスイ輝石の近縁種です。日本では一九七九年に姫川河原から発見されています。めったに遭遇できないのですが、ヒスイ海岸で青黒い石を拾い、メタリックな感触の緑色鉱物が顔を出しているようであれば、それがコスモクロアである確率が高いといえます。

コスモクロアは、マウシッシというヒスイに似た宝石の構成鉱物として知られています。マウシッシという奇妙な名称は発見された地名にちなんでいます。ミャンマーのカチン州にあるこの土地からはビルマヒスイも産出します。マウシッシはヒスイ輝石とコスモクロアのほかには、アルバイト（曹長石）、エッケルマン閃石（角閃石の一種）、ソーダ沸石（ナトロライト）、などからなっていて、鉱物学的にはジェード・アルバイトといいます。今日ではマウシッシをコスモクロアとよぶ人も増えています。

色合いは夏山の日差しのもとの常緑樹の色をしています。木陰に寝転んで目を細めて木漏れ日を見ると木の葉が透過光のもとで緑色に輝く、そんなふうにメタリックな味わいがあります。ヒスイのようなとろみがなく不透明なのは結晶粒子が粗いからで、濃緑色の色合いは内側から色素がにじみ出ているようです。あちこちに黒い斑点が散っているものもあります。パワー効果は強烈で、都会に暮らしていると衰えがちな生命力の振動数を高めてくれるような感触があります。

4◆姫川ではアルビタイトとロディンジャイトに注意する

たくさんを見て、たくさんに触れて、ヒスイっぽい石というのがわかるようになったら、次にヒスイ類似石について学びます。たとえば白色系岩石でアルビタイト（曹長岩）やロディンジャイト（ロディン岩・ロジン岩）というのがあるのですが、これらのなかには一度迷いだすと納まりがつかないほどヒスイ原石にそっくりなものがあります。ヒスイ原石の鑑別は、よく似た石の名前を消去していくことで最後にヒスイだろうと推測することになります。

それでもやっぱり、ヒスイ海岸で拾った原石が本物のヒスイなのかどうかの鑑別は相当に難しく、ヒスイハンター歴十年のベテランでさえ、しばしば頭をかかえるところです。専門家の意見をあおぐには、ヒスイ海岸近くのヒスイ原石販売店が開いていればアドバイスしてもらえると聞いています。フォッサマグナ・ミュージアムでは数個程度なら無料で鑑別してもらえるそうです。

アルビタイトはアルバイト（曹長石）主体の岩石です。ブラジルやパキスタン産のアルバイト（曹長石）に似た結晶面があるものや、白色不透明で、印象として粒子の粗い結晶が集合した感じのものは比較的鑑別しやすいのですが、破断面の結晶が密であるようなものは、ヒスイ原石に酷似しています。また、ヒスイ原石同様、濃緑色の角閃石が斑模様に入ったものや、多色の色合いをしたものもあります。

ロディンジャイトは発見地のニュージーランドのロディン川にちなんでの命名。ダイオプサイドやゾイサイトなどを主成分とした岩石で、プレナイト（ぶどう石）やペクトライト（ソーダ珪灰石）、ガーネットなどを伴い、ヒスイと同じように付加体で生成され蛇紋岩にくるまれて地表に上昇してきます。

あまりに大ざっぱな話だし、例外も多々あるので評価の基準になりにくいのですが、白いヒスイを切り餅にたとえるなら、アルビタイトはうるち米を交ぜたコワモチのような雰囲気です。ロディンジャイトで白色系の場合は、よくよく見るとヒスイよりもやや粉っぽい感じ、石鹸のような印象です。いくらか色が薄まった緑色の帯が流れるように入ったものがあります。

ロディンジャイトには原石表面に小さな晶洞があるものがあって、晶洞内に小さな鉱物結晶が析出しているのを見て判断の基準とするという意見があります。

ロディンジャイトの主要構成鉱物ゾイサイトは、鉱物学的にはエピドート・グループに属していて、鉄分子を一〇パーセント以上含有すればエピドート（緑簾石）で、一〇パーセント以下であればクリノゾイサイト（斜灰簾石）、鉄分子を含有しなければゾイサイトであるとされています。ピンク色のゾイサイトはチューライト（桃簾石）、緑色はアニョライトとよばれ、青色で透明結晶質のものはタンザナイトという宝石になります。ルビーを随伴した緑色の岩石ルービー・ゾイサイトがよく知られています。

アルビタイトとロディンジャイトは白色系のヒスイ類似石です。緑色系のヒスイ類似石の筆頭がネフライト。和名の軟玉ヒスイは名前からして紛らわしく、初心者がヒスイと間違えやすい石です。ネフライトについては別記しますが、ネフライトがどういう石であるか覚えてしまえば、再度ヒスイと見間違えることはありません。波打ち際で発見できるネフライトは蠟を塗ったような艶があります。同じ濃緑色でもヒスイの緑より黒みが強い深緑色をしています。ネフライトはニュージーランドでは先住民からマウリ（生命の力）の石とよばれ、無敵のパワーストーンとされています。

5◆ヒスイより貴重なヒスイ類似石もある

ヒスイ海岸では並のヒスイ原石より貴重な石たちに出会うこともあります。先にあげたチューライトもその一つで、北海道の銘石神居古潭に似た黒色変成岩や純白の姫川白玉などです。ヒスイ関連の鉱物ではないのですが、コランダムの結晶を手にする人もいます。

①チューライトはやさしく暖かい色合い

チューライト（桃簾石）はピンクヒスイの愛称で親しまれています。原石の形状や質感、勾玉などに加工した場合の石肌の味わいがヒスイに似ているのですが、ゾイサイトという鉱物の仲間です。海辺の漂着石で表面が滑らかなものの多くは、表面の一部が淡いピンク色をしています。河原で採集されたものはざらざらごつごつした感じで、ヒスイ原石やアルビタイトに酷似しています。表面をさするように一生懸命見て、ピンク色っぽい部分があれば、ピンクヒスイだろうということになります。

チューライトの語源はノルウェーの古い地名チュールにちなんでいます。ノルウェー産のものは赤味が強い色合いをしていますが、糸魚川地方産は一般的には白に近い薄桃色で、緑色成分と混ざりあっているものが多く、ごくまれにこのうえなく品がいい薄紅色をしたものがあります。

桜の花弁の色を石に移したような雰囲気がピンクヒスイにはあって、勾玉などのペンダントヘッド類では、眺めているうちに色味が濃くなったり薄くなったりします。見る側の気持ちを反映しての色の変化です。この色味に気持ちをゆだねるようにすると、やさしくて暖かで広々とした世界に憩えるようになります。ああでなくちゃいけない、こうでなくちゃいけない、こうあるべきだ、などという思いいれが強いと、対人関係に気苦労したり疲れてしまいやすくなります。ピンクヒスイの色合いで自分を包むようにすると、自分の思いにとらわれすぎず、かといって野放図でもない、ちょうどいい具合のところで暮らしていくコツをつかめます。

②純粋無垢な姫川白玉との出会い

これまでに見たこともないほどに白く純粋無垢な感じの岩石に糸魚川市内のヒスイ原石販売店で出会いました。アルビタイトやロディンジャイトではなく、石灰岩のようなくすみもなく、瑪瑙や石英ではない、やっぱりヒスイなんだろうと購入して勾玉などを作ると、ヒスイに比べてやや軽い。これは困ったことになったと思っても、こうした成分不明の原石の鑑別は宝石研究所の簡易な検査には向いていません。やむをえず鉱物専門の分析機関に鑑別を依頼して、珪灰石に長石類が交ざった岩石であることが判明しました。

石灰岩などにマグマが侵入した地形をスカルンとよんでいます。そこでは鉱物を構成する分子原子の活動が活発化して多彩な鉱物が析出します。姫川近辺はスカルン地形でもあるので、石灰岩の原料である炭酸カルシウム（カルサイト）とマグマに由来する長石や石英が交ざりあった鉱物・岩石ができても不思議ではありません。

以後、気をつけて探して、同じ種類の岩石を数点買い集めました。自分流に「姫川白玉《はくぎょく》」と名付けて、こぶし大のものをストックボックスに並べると、絵の具のジンクホワイトを固めたような白さの凝集度にほれぼれするばかりです。姫川白玉はウェディングドレスのように純白で、真夏の積乱雲さながらにパワフルです。数百万年を地下にあって、ほかの岩石の影響を受けず純潔さを保ってきたというところに、泥田に咲く蓮の花の無垢さを重ね見て、その崇高さに心打たれることしきりです。

③神居古潭のような黒色変成岩もある

糸魚川地方と北海道の旭川市近辺の地質は似ています。旭川市の郊外には石狩川の上流にあたる神居古潭渓谷という景勝地があって、アイヌ語でカムイ（神々）コタン（集落）を意味するこの土地は古くはアイヌの聖地だったようです。

神居古潭は日本に十カ所ほどあるヒスイ輝石の産地の一つとして知られていますが、それ以上に水石《すいせき》ブームのおりには「水石の貴公子」と愛称された銘石・神居古潭石の産地として有名でした。神居古潭石は黒色で緻密な変成岩で、上質なものは布でから拭きするだけで重厚な艶を帯びます。ナス紺とよばれる濃紺色に発色したものや、輝緑という深緑色の神居古潭が珍重されています。

水石は天然岩石の形象に山水画と同じ深山幽谷を見立てて楽しむ典雅な趣向。かつて床の間や茶室に飾る調度品として流行しました。最近になって神居古潭石は日本的な「和」のパワーストーンとして見直されています。この神居古潭石と同じ硬くて重く黒い変成岩が、数は多くありませんが、ヒスイ海岸で採集できます。

大きめの皿や水盤を用意して、白砂を敷いて原石を飾る、窓辺や玄関に置くと風格があるインテリアになります。原石から勾玉やビーズを作るなら、パワー効力の高い勾玉や、並のビーズが近寄れないほどに強力なブレスレットを制作できます。

6◆フォルスネームなヒスイたち

日本ヒスイに対するアルビタイトやロディンジャイトは、糸魚川地方のヒスイハンターにとって、ヒスイと間違いやすい類似石です。コスモクロア、オンファサイトはヒスイの主成分であるヒスイ輝石と組成がよく似た輝石類の名称です。これらに対して、天然石店などに並べられている天然石のなかに、ヒスイではないのに○○ヒスイと名付けられた類似石も存在します。

まぎらわしさは大別すると、①フォルスネームな石たち、②日本の特定地域に産出する緑色岩石、

③軟玉ヒスイと硬玉ヒスイの混同、などになります。

①フォルスネームなヒスイたち

日本ではおもに大正時代にヒスイが宝石扱いを受けるようになって、緑色の貴石類を○○ヒスイとよぶようになりました。商品価値を高めるための誤った呼称なのでフォルスネームといいます。

背景には大量生産時代の到来にともなう工場労働者と中間所得層の増大があります。お金持ちの女性が宝飾品を買うようになり、低所得者層の人たちの間でそれを模倣した安価なアクセサリーが流行するようになりました。前著『宮沢賢治と天然石』(青弓社、二〇一〇年)で、宮沢賢治が人工ルビーや模造真珠を販売する仕事をしたがっていたことを話題にしました。ちょうどその時代にフォルスネームなヒスイも登場しました。

名前にあざむかれてヒスイと思いこむ人は減っていると思いますが、インドヒスイはグリーン・アベンチュリン(緑色雲母に石英質が浸透したもの)、オーストラリアヒスイはクリソプレース(緑色の玉髄)、タイワンジェードはネフライト(後述)、アフリカンジェードはガーネットの一種、といった具合です。アフリカンジェードは塊状で産出する緑色のグロシューラーライト・ガーネットで、主要産地の南アフリカ北東部の地名をとってトランスバールジェードとよばれることもあります。

ニュージェード、イエロージェード、バタージェードはサーペンチン(蛇紋石)の仲間で、ヒスイの類似品というより、安価なクラスの「玉《ぎょく》」として扱われてきました。おもに香港の天然石加工業者が丸玉や動物彫刻、アクセサリーなどに加工するようになって一般化しました。

これらの天然石はヒスイの模造品だから価値がないというわけではなく、それぞれの鉱物がその石なりに個性的で美しい色合いをしています。

②日本の地方特産の緑色岩石

フォルスネームの石たちに加えて、日本では地方特産の緑色の石を産地名を頭につけて長崎ヒスイとか日高ヒスイとよんでいます。産出量が少なく、採掘できなくなっているものもあって、これらを目にする機会は少ないため、国産のヒスイ類似石は、鉱物ファンにとっては本物の日本ヒスイと同等に気持ちが引かれる存在となっています。

長崎ヒスイは長崎県の限定された地方でしか採れません。クロム、ニッケルによって色がついたドロマイト（苦灰石）と石英が混合した岩石です。古墳時代には勾玉や管玉が作られたこともあったといいます。

日高ヒスイは北海道日高町産出のクロム・ダイオプサイド（透輝石）主成分の岩石です。日高ヒスイの産出地と近隣の土地、旭川市郊外の神居古潭渓谷で、少量の本物のヒスイ原石も発見されているので、ややまぎらわしい名称です。

別の土地でなら○○ヒスイとよばれただろうに、姫川の河原やヒスイ海岸にあるばかりに、本物ヒスイに似たあやしいやつとさげすまれて「キツネ石」とよばれるヒスイ類似石もあります。ニッケル、クロム含有白雲母や粗雑なクリソプレース、つまりはニッケル含有の石英で、じっくり見ると明るくて美しい緑色をしていて気持ちを引かれます。

7◆硬玉ヒスイと軟玉ヒスイの名称にとまどう

ヒスイ海岸の波打ち際で採集できるヒスイ類似石の一つに、地元のヒスイハンターが「ネフ」とよんでいる濃緑色で蠟を塗ったような艶のある小石があります。透光性のあるものもありますが、大部分は不透明です。

岩石名をネフライト（軟玉ヒスイ）といい、主成分はアクチノライト（透緑閃石、陽起石）やトレモライト（透閃石）からなっています。両者は角閃石の仲間で鉄分の含有量が増えるにつれて白から濃緑色、黒へと色が変わっていきます。アクチノライトやトレモライトの極微の結晶が凝集して岩石になったものがネフライトです。

ヒスイ海岸ではネフライトに重きが置かれていません。「なーんだ、ネフか」といったふうで捨てられがちです。けれどこのネフライトこそ、中国では宝玉中の宝玉、真実《まこと》の玉として、「真玉《しんぎょく》」とよばれ、中華四千年の歴史を彩ってきた宝玉そのものです。ことに白色のネフライトは価値が高く、高品質なものはヒスイより貴重です。

ネフライトを軟玉ヒスイとよぶように、ヒスイには硬玉ヒスイと軟玉ヒスイとの二種類があるとされ、軟玉ヒスイは硬玉ヒスイの紛いもののように扱われてきました。けれど、現在では日本ヒスイやビルマヒスイに代表される硬玉ヒスイだけを「ヒスイ（翡翠）」とよび、軟玉ヒスイを「ネフライト」とよぶようになっています。

ヒスイは大部分がヒスイ輝石（ジェダイト）という鉱物からなる岩石で、岩石としてのヒスイも鉱物としてのヒスイも英語ではジェダイトといいます。

中国の伝統的な玉器《ぎょっき》類は英語文化圏ではジェードとよばれています。日本ではジェードを「ヒスイ（翡翠）」と翻訳してしまったために、本当はヒスイではない玉器類をヒスイとよぶことになってしまいました。

こうした軟玉ヒスイ・硬玉ヒスイという呼び名のまぎらわしさは、西欧の大航海時代に端を発しています。語源についてはいくつもの資料に大同小異なことが書かれていますが、まとめると以下のようになります。

①石器時代の西欧では強靭な石質ゆえにネフライトで磨製石器が作られました。にもかかわらず、西欧人が宝石・貴石としてのネフライトに出会ったのは、十五世紀から十七世紀の大航海時代になってからのことでした。

②遠洋を航海できる帆船の発明が、ヨーロッパを文明の過疎地から先進地域に引き上げました。大航海時代に中南米の征服に乗り出したスペイン人たちは、先住民が緑色の石を腰に当てているのを見ました。石を温めて患部に当てる温石《おんじゃく》療法としての活用だったのですが、その緑色の石は〈腰の石〉と名付けられ、のちに英語でジェードとよばれるようになりました。

③〈腰の石〉は腎臓病などの治療に用いられていました。それで〈腎臓の石〉ともよばれることになり、英訳されてネフライトになりました。

④ここでいう緑色の石はネフライトだけを指すわけではなく、グアテマラ原産のヒスイを含んでいました。マヤ文明やアステカ文明ではヒスイは神聖視され、中南米では最も重要な神、ケツアルコアトル（翼ある蛇）はヒスイの神として知られています。ヒスイは熱伝導率が高く、遠赤外線を輻射するので、新陳代謝を活性化する作用にすぐれています。温石などの物理療法に向いているのです。ヒスイのブレスレットは健康にいい装身具です。

⑤古代から中国で愛玩されてきた玉《ぎょく》は、広義には美しい石（宝石）という程度の意味で、狭義にはネフライトを指します。玉《ぎょく》もまたジェードと英訳されました。

⑥十八世紀、乾隆帝の時代になってビルマヒスイが中国に運びこまれるようになり、ヒスイ（翡翠）として珍重されましたが、西欧ではこれを重視することなく、従来からの玉製品（ジェード）の一種と見なしただけでした。西欧人にとって魅力ある宝石は透明でなくてはならず、ネフライトやヒスイなど透明度が劣る石は大金を払うに値しなかったからでしょう。

⑦玉《ぎょく》とビルマ産ヒスイが別種の鉱物であることが明らかにされたのは西欧では一八六八年のことであり、旧来の玉《ぎょく》はネフライトとよばれ、ヒスイは〈ジェード＋石〉の意味でジェダイト（jadeite）とよばれることになりました。

⑧日本では日清戦争（一八九四―九五年、明治二十七―二十八年）と前後してヒスイの輸入が始まり、大正時代の第一次世界大戦の影響による好景気のもと、多くのヒスイ製品が輸入されるようになり、東洋の宝石として特別視する風潮が育まれていきました。

⑨ここにきて日本では、英語のジェード、ジェダイト、ネフライトと、中国語の翡翠と玉《ぎょく》（ユウ）

を全部まとめて「翡翠（ヒスイ）」と訳してしまいました。ジェードをヒスイと翻訳してしまったために、本当はヒスイではない玉器もヒスイとよぶようになりました。

⑩台湾やカナダから濃緑色のネフライトが輸入されるようになり、ネフライトとヒスイを区分けする必要に迫られて、前者を軟玉ヒスイ、後者を硬玉ヒスイとよぶようになりました。ヒスイに二種類あるわけではないのですが、明治時代の翻訳ミスで二種類あることにされたのです。しかも玉器をあがめる風潮は日本に伝来しなかったので、玉製品がなんであるのか、いまもってあいまいなままになっています。

8◆中華八千年の玉文化

現代の日本では宝石について特別な関心がないかぎり、ネフライトに注目する人はいません。ネフライトの最高峰は緑色ではなく、とろみがある白色で、アンティークの優良品ともなれば、玉器一点が平均的日本人の年収を超えることを知っている人は多くありません。

日本人は古墳時代に始まり、江戸時代が終わって明治時代になってもまだ、儒教を学び、漢詩を書けて、書芸に秀でることが、社会的に地位のある男に必須の教養と見なすほど中華思想をあがめていたのに、玉器を愛玩する習慣には染まりませんでした。だからネフライトとヒスイの違いも、対岸の火事のように思えてしまいます。

けれど人類の歴史として眺めるなら、五千年昔に特定の宝石に愛着していたのは日本列島の縄文

ネフライトが中国玉文化の主役だった

広州のジェードマーケットで見かけた新疆ウイグル自治区ホータンからの玉（ぎょく）商人たち

新疆ウイグル自治区紅山遺跡から出土した最古の龍彫像。20センチを超えるほど大きなものが見つかっている

香港の九龍半島側にあるジェードマーケット。庶民の宝石市場として年中にぎわっている

広州のジェードマーケットはヒスイ取引の中心地として長い歴史がある

白玉（はくぎょく） 製品にはピンからキリまであって、中途半端な知識では太刀打ちできない

古代中国で最高の宝石とされていたのはヒスイではなく純白色のネフライトだった

時代と中国の超古代文明だけです。前者は本書でテーマにしているヒスイ文明であり、後者はネフライトを最高の宝石とする玉器文明でした。

中国大陸では約八千年前、内モンゴル自治区にある興隆窪《こうりゅうわ》文化で玉器が現れ、遺跡出土の玉器がすべてネフライト製品というわけではないのですが、内モンゴル自治区遼河流域の紅山文化（紀元前五〇〇〇―三〇〇〇年）、長江下流域の良渚文化（紀元前三三〇〇―二〇〇〇年）では呪術的で、めくるめくほどに多彩な玉器文化が栄えたのちに、殷・周へと受け継がれていきます。

古代から中国では周を歴史上最良の時代だったと見なす風潮があり、殷を加えての中華四千年の歴史は、玉器あってこそ皇帝たちの徳が保たれたと解釈されています。

殷・周・漢の時代には、玉器は朝廷の独占品で、皇帝が天地四方を祭る際に使用する「祭祀器」や、王侯貴族の身分を玉器で印す「礼器」が作られました。

戦国時代（紀元前四〇四―二〇二）後期に現在の新疆ウイグル自治区のホータンで、ネフライト鉱山が開発され、漢の時代には玉門関を経て大量の玉が都に運ばれるようになりました。ネフライトの供給量が一挙に増えたことで彫像技術も大いに発展しました。

鳥や獣、龍の形象や、良渚文化祭祀器から発展してきた璧、琮などに加えて、漢の時代には玉碗・玉杯が作られるようになります。王の埋葬に際して長方形にカットした緑色ネフライト片を金糸や赤い糸で縫いあわせた玉衣を遺体に着せたのも、漢代の玉の使用例の一つです。

白玉《はくぎょく》が重視されるのもこのころからのようです。宋の時代になって権力者や知識人の間に玉器を愛好する風習が盛んになり、明・清の時代に精緻な白玉彫刻は最盛期を迎えます。

インドのイスラム王朝ムガル帝国（一五二六―一八五八）では、ホータンから輸入した白玉を使用して、ルビーなど宝石を象眼した華麗な食器や小物入れが作られました。

こうした玉文化の伝統があって、ヒスイも中国に受け入れられていきます。ビルマ産の新玉はカワセミ（中国の古語で「翡翠」）の羽根の色合いとの連想から翡翠とよばれることになりました。乾隆帝（在位一七三五―九五）の時代にビルマは中国への朝貢国になりました。交易路がいくぶん安定したのと、原産地が中国人商人に知られるようになったことから、ヒスイ原石は雲南経由で中国に運ばれることになり、中国人を魅了する宝石になっていきました。

いくつかの資料には翡翠の名前の由来として、翡は赤で雄を、翠は青（緑）で雌のカワセミを指すとありますが（古谷奎二『故宮の秘宝』〔二玄社、一九九八年〕などを参照）、カワセミの雄は赤い背中をしていません。古代中国では鳳凰、麒麟《きりん》、豼貅《ひきゅう》、玄武などの霊獣は、雌雄合わせてよぶことをよしとしました。陰陽合体した姿に霊的完全性を見てのことです。カワセミは都の住民にとっては実体の知れない鳥で、霊獣と見なされて雌雄合体した名前が付けられたようです。

9◆ビルマヒスイと日本ヒスイ

ヒスイをアジアの宝石としてスターダムにのし上げたのは清末の権力者西太后（一八三五―一九〇八）の功績です。彼女がヒスイのとりこになると、極上品が献上品として朝廷に集まり、取り巻き連中がこぞってヒスイ製品を身に着けるようになり、たちまちのうちにヒスイブームが中国全土に広がり、旧来の玉《ぎょく》を上回る人気になりました。

そんなさなか日本は日清戦争（一八九四―九五年、明治二十七―二十八年）に勝利し、第一次世界大戦（一九一四―一八年）では漁夫の利を占め、国中が好景気に沸き、中間所得層が増大して女性がアクセサリーを購入できるようになり、中国から輸入されてくるヒスイが日本でも人気をよぶようになりました。

きらびやかであっても派手すぎず、洋服だけでなく和服に合う色合い、「翡翠」という美しい名前が人気の秘密だったようです。

カチン州の高原地帯で採掘されたヒスイは、ビルマの首都ラングーン（現在のミャンマーのヤンゴン）に船で運ばれるようになり、海路を香港を経由して広東省広州へと輸送されました。広州はヒスイ売買の拠点として栄え、いまでも中規模都市の駅前繁華街に匹敵するほどに広いヒスイ市場がにぎわっています。

さて、こうしたビルマヒスイと日本ヒスイがどう違うのかは、多くの人が疑問に思うところです。両者は、同じ質のものを見比べるなら違いはわかりません。鉱物学的に分析しても若干の個性を別にすれば差異はありません。ビルマヒスイもプレートの沈みこみ帯にともなう付加体で誕生し、蛇紋岩に包まれて上昇してきたもので、日本ヒスイと同じような圧砕模様を見つけることもできます。いくつかの陸塊が融合して超大陸パンゲアが生まれ、やがてユーラシア大陸になったとき、ビルマヒスイは南の海岸寄りに位置するようになり、インド亜大陸の北上、衝突で、ヒマラヤ山脈が隆起したのと同じくして、ミャンマーのヒスイ産地は内陸に封じられました。

日本ヒスイとの大きな違いは、産出量とそれにともなう宝石質の原石の割合にあります。たとえばインターネットのミャンマー関連のニュースでは、二〇一三年度のミャンマーからのヒスイ輸出額は十億アメリカドル（約千二百億円）とあります。年間生産量は一万トンから二万トンと、はっきりしません。加えて統計に計上されない非政府的取り引きもあります。これらのなかから宝飾品向きの品質だけを選別しても相当な量になり、商われる金額と年間の生産量は日本産ヒスイとは比べるすべもありません。

宝飾品としての価値だけを問うなら、概してビルマヒスイのほうが質が高いのですが、天然石の評価は金銭的価値だけにあるわけでもありません。鉱物としての珍しさ、地域的な希少性、歴史的な石と人間とのかかわりの物語性など、価値の指標はいろいろあって、それぞれの人種や民族、地域によって特定の石が特別な石になっていきます。

日本ヒスイは、五千年昔には世界に類例がないヒスイ文明の主役だったという歴史の重要さと、今日なお、日本列島でしかとれないヒスイであるという特殊性や、産出量の少なさゆえに貴重です。さらに加えるなら、古代の日本列島の民の精神性を鼓舞したパワーストーンであるために、私たちにとってかけがえのない天然石です。日本中の人たちが関心を抱いて子孫代々伝え残していかなくてはならないと思います。

おわりに

窓辺にヒスイ原石を飾るといいことばかり起きる

窓際にヒスイ原石を飾る。そこからいろいろなことが始まります。第一に、それは風水的にいい効果をもたらします。拙著『宝石の力』で話題にしたように、風水は家や部屋など住環境の「気」の流れを整える精神世界的なインテリア術です。邪気が侵入したり居着きやすい環境では気力が衰え、気持ちが安定せず、不安感が増すばかり。些細なことにつまずいて大きく失敗したり、家族の間に誤解が生じやすくなります。福気に満ちた場所では気持ちがおだやかになり、家族のみんなが睦まじく暮らせるとされています。運気が増強されて出世運・金運・勝負運などが強化され、子供の成績も上がるといわれています。

邪気が侵入しやすい環境には、①玄関と居間の窓が一直線につながっている、②窓が通りから覗かれる位置にある、③隣のビルから見下ろされる場所に窓がある、④窓を開けると隣の家の壁がある、⑤道路に面した窓から騒音が入ってくる、⑥北風が窓から吹き入ってくる、などがあって、邪気の多くは窓辺や玄関から入って室内の気を汚染するため、窓辺の風水対策が必要になります。

窓辺にヒスイ原石などの天然石を飾ると、邪気の侵入を防ぎ、部屋にわだかまる邪気を浄化して福気に変える効力が大きいといわれてきました。この効果は伝承だけではなく、ヒスイ原石と親しむにつれて、実際に感じられたり、目で見たりできます。

以下に効用などを列記します。すでにヒスイ原石や天然石を居間などに飾っている方は実感されていることも多くあると思います。

●窓辺にヒスイ原石を飾るには決まったルールはありません。原石の大きさや個数、窓辺の広さ、形状を考慮して、奇をてらわず、眺めて心地よく感じるように並べます。白砂を入れた水盤や、飾り板、ランチョンマットに並べたり、サボテンや多肉植物の鉢植えなどと一緒に並べることもできます。原石を複数個飾るには、いちばん大きいものを中心に置きます。次に大きいものを向かって左に、小さなものを右に置くと、バランスがよくなります。この三つは陰と陽と動因があって世界が転変していくことを表しています。三つの石には魔方陣と同じようなはたらきがあって、石を飾ることで、停滞感が払拭される場合があります。

●現代社会はみんながイライラしていて、自分の内側にこもらなくては安心できないような構造になっています。通勤電車ではちょっと肘が他者に当たるだけで悪意の応酬を受けます。世の中には悪意がいっぱい潜在しています。窓辺にヒスイ原石を飾るのは、家を城に見立てて「気」のバリヤーを張るようなもの。家にいるだけで気持ちが落ち着いて楽しい毎日を過ごせるようになります。

●窓辺に飾ったヒスイ原石を眺めて、石たちの歴史の長さや生成過程の不思議さを思いやることで、意識は大きな世界に遊べるよう成長していきます。古来から東洋では書画・詩歌・芸能を通じて大きな世界、非日常的な彼岸に親しむことを必須の教養としてきました。それによって自我よりも大きな「自己」が成長していくと考えてきたからです。それがどういうことなのか、ヒスイ原石と親しむにつれて、感覚的にわかるようになります。その地点で、自我を脱いだ大きな自己に出会えます。

●窓辺に飾ったヒスイ原石と気持ちを通わせるつもりで眺めると、行き詰まっていた仕事の打開策が得られたり、面倒な人間関係を組み直すアイデアがひらめいたりします。気持ちがリフレッシュされて、「さあ、がんばろう」という思いが湧いてきます。日常性から離れる感触によって自我がゆるんだ時間に遊べます。石に気持ちをあずける感覚がわかると気持ちに余裕が生まれます。目先の欲望・希望や願望一途に暮らさなくてもいいことがわかってきます。

●窓辺にヒスイ原石を飾る。うすぼんやりと石たちを眺めていたことに気づくとか、そういう時間をもてるなら、石たちがパワーを放射している風景を眺められるようになります。ヒスイ原石を眺めて「美しい」とか「立派だ」と思えるのであれば、それはヒスイと自分とが共振しているということで、そんな日には天の恵みと思えるような出来事が起きたりします。

●何かおもしろいことが起きないかなあ、と思いながら、窓辺のヒスイ原石を並べ替えたり掃除すると、久しく会っていなかった友人からメールが届いたりします。奇妙な偶然の一致が重なって、ほしかったモノが手に入ったり、願いごとがふいに実現したりする場合もあります。

●窓辺に飾ったヒスイ原石が笑いかけてきたり、物言いたげだったりするのであれば、精霊たちがいっとき石に宿っているというケースも考えられます。気持ちのなかで精霊に話しかけると、一人芝居をするように精霊と会話できたりします。その相手は守護霊だったり先祖霊だったりする場合もあります。

●窓辺にヒスイや水晶など天然石を三つ四つ飾って、焦点を合わせないようにして眺めるなら、石に意識のようなものが宿っているのがわかるようになります。

●実用的なもの合理的なものにしか価値を認めない生き方と、無駄のなかに豊かさがあると思うのとでは、みかけは同じ暮らしぶりでも、心の豊かさには雲泥の差が生じていきます。前者の人たちは有意義なことをしなくてはならないという強迫観念に縛られていて、やがて種も尽きて砂を噛むようにして朽ちていきます。窓辺に飾った石たちを眺めて、そんなふうに思います。

●世の中には思うようにいかないことがいっぱいあります。親兄弟を含めて人付き合いの多くはうとましい。そんなときは窓辺に飾ったヒスイ原石に自分をあずけるようにします。うっとうしいことどもは、流していけばいい、背負わなくてもいい、ということがわかってくると、いくらかは気が楽になります。

●窓辺にヒスイ原石を飾って、おまえたち、ほんとうにきれいだね、という。そうすれば、いま、ここで、満ちている自分に会えます。潮《うしお》に洗われる海草のように「気」の海にたゆたって、ただ生きている自分がいることを見つけられます。そこではふと脇を見ると、菩薩がほほ笑んでいたりします。

●窓辺にヒスイ原石を飾ると、幸も不幸も、賢いも愚かも、自己評価なのだということがわかってきます。憎んだり恨んだり嫌ったりする世の中は、ただイメージのなかに存在しているだけのことです。それでもうっとうしいやつらはやっぱりうっとうしいけれど、そのうっとうしさに呑みこまれずにすむようになります。

●窓辺に飾るヒスイ原石は、本当は目の前に幸運が落ちているのに、気づけないでいるだけかもしれないことを教えてくれます。

●窓辺に天然石を飾る。気負わず飾らず石たちを並べて、やあ、きれいだね、というと、世界も美しくなります。「ほんとうにきれいだ」

日本ヒスイについての長い話はひとまずこれで終わりです。

［著者略歴］
北出幸男
（きたで ゆきお）
日本翡翠情報センター代表、
水晶製品・天然石製品・鉱物原石の専門店
ザ・ストーンズ・バザール代表
著書に『宮沢賢治と天然石』『癒しの宝石たち』
『宝石の力』（いずれも青弓社）など多数
ウェブサイトは「翡翠情報センター」または
「ストーンズ・バザール」で検索

日本《にほん》ヒスイの本《ほん》
最高のパワーストーン

発行 ―――― 2016年6月20日　第1刷
2022年6月30日　第2刷

定価 ―――― 1600円＋税

著者 ―――― 北出幸男

発行者 ――― 矢野恵二

発行所 ――― 株式会社青弓社
〒162-0801 東京都新宿区山吹町337
電話 03-3268-0381（代）
http://www.seikyusha.co.jp

印刷所 ――― 三松堂

製本所 ――― 三松堂

ISBN978-4-7872-7387-1　C0076